TSCHÜSS LANGEWEILE

IDEEN FÜR DRAUSSEN

Text: James Maclaine,
Sarah Hull und Lara Bryan

Illustrationen: Jacob Souva, Fred Blunt,
Klas Fahlén, Bethany Christou und Ro Ledesma

Gestaltung: Stephen Moncrieff, Melissa Gandhi,
Freya Harrison, Jenny Offley und Katie Webb

SUMM, SUMM!

DIR IST LANGWEILIG?

Dann gehe nach draußen und probiere diese tollen Tricks gegen Langeweile aus.

n...e...Bua...r..d

1
Buchstabiere das Wort „draußen" rückwärts.

Mache das dann mit allen Dingen, die du draußen siehst.

eztak

nemulb

muab

otua

Sage jetzt deinen Namen rückwärts.

Finden deine Freunde heraus, welches Wort es ist?

3
Mache alle Geräusche nach, die du draußen hörst.

2
Beschreibe das Wetter mit fantasievollen Vergleichen.

Zum Beispiel:

MIAAUUU!

PAAUOOH!

KABUMM!

Die Sonne schämt sich. Sie versteckt sich hinter den Wolken.

Winzige Wassertropfen fliegen durch die Luft ... oder weinen die Vögel?

MIIEP!

TICKTICKTICK!

4

Sieh dich um und suche ...

... die höchste Sache.

Ein Strommast?

Ein Hochhaus?

... die kleinste Sache, die du sehen kannst.

... den Ort oder Gegenstand, der am weitesten entfernt ist.

Ein Flugzeug am Himmel?

Ein Nagel in einem Stück Holz?

Ein Baum am Horizont?

Eine Fliege auf einer Blüte?

5

Wie wäre es mit ein paar ungewöhnlichen Schritten?

Versuche ...

- Ausfallschritte.
- auf Zehenspitzen zu gehen.
- Riesenschritte.
- in Zeitlupe zu gehen.
- Hüpfschritte.

Fordere jemanden heraus, deine Bewegungen genau nachzumachen.

Achtung!

Einige Aktivitäten in diesem Buch erfordern zusätzliche Materialien. Frage immer einen Erwachsenen, bevor du elektrische Geräte, scharfe Gegenstände oder Dinge benutzt, die dir nicht gehören!

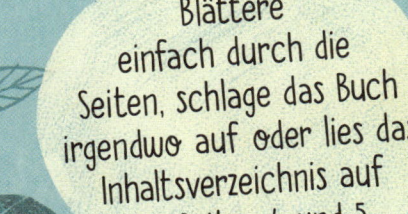

In diesem Buch findest du viele weitere Ideen gegen langeweile.

Blättere einfach durch die Seiten, schlage das Buch irgendwo auf oder lies das Inhaltsverzeichnis auf den Seiten 4 und 5.

Zu manchen Fragen in diesem Buch gibt es Antworten oder Lösungen. Du findest sie auf den Seiten 126 und 127.

STATT DICH ZU LANGWEILEN ...

Komme mit den Aktivitäten auf den Seiten 18, 26 und 69 richtig ins Schwitzen.

Finde auf Seite 23 heraus, was das japanische Wort hanami bedeutet.

Wissenschaftler vermuten, dass es über 1,4 Trilliarden Insekten auf der Erde gibt. Das sind 1 400 000 000 000 000 000 000 Tierchen.

Gehe mit einem Notizbuch spazieren

Nimm jedes Mal, wenn du nach draußen gehst, ein Notizbuch mit,
um das ein oder andere aufzuschreiben oder zu zeichnen.

Zeichne zuerst einen Kreis als Gesicht und skizziere dann die verschiedenen
Frisuren der Leute, die du siehst.

Zeichne
auch Brillen,
die dir
auffallen.

Vergiss nicht
die Haare im
Gesicht!

Mache eine Liste
von interessanten Orten,
an denen du vorbeikommst.

Garten, der in
einer Kirchenruine in
der Nähe wuchert

abgebrochener Baum
(durch Blitzeinschlag?)
an der Kreuzung
zweier Hauptstraßen

Haus ohne Dach
neben dem Supermarkt

Notiere lustige Ausschnitte von Gesprächen,
die du aufschnappst.

Bekommen Papageien
Gesangsunterricht?

Wo machen Maulwürfe Urlaub?

Ich traue
niemandem, der
keinen Käse mag.

Waffeln sind
Pfannkuchen mit
Waschbrettbauch.

Hatte Goethe eine Schreibmaschine?

Wenn du ein Denkmal in einem Park oder auf einem
Platz siehst, versuche einmal, es abzuzeichnen.

Das ist leichter, als
Menschen zu zeichnen,
weil Denkmäler sich
nicht bewegen!

Buh!

Aaaah!

Wenn du den Horizont sehen kannst, zeichne ihn in einer Linie ab, ohne den Stift vom Papier zu heben.

Schaue auch nach unten. Wenn du einen Kanaldeckel siehst, reiße eine Seite aus deinem Notizbuch heraus, lege das Papier auf das Muster und reibe mit einem Bleistift oder Buntstift darüber.

Halte den Stift schräg und fahre damit über das Papier.

Kanaldeckel haben oft kunstvolle Muster.

Denke dir eine Geschichte aus, woher die Straße, in der du gerade bist, ihren Namen haben könnte. Zum Beispiel:

Eine geizige Schokoladenfabrikantin hortete Unmengen von Schokolade in ihrem Haus. An einem heißen Sommertag schmolz die ganze Schokolade und floss zur Vordertür hinaus. Der braune Bach strömte die Straße hinunter und aus der Stadt hinaus ... aber vorher aßen sich alle Einwohner daran satt.

RUMPELGASSE

ZIEGENWEG

FÄRBERSTRASSE

Halte nach ungewöhnlichen Straßenschildern Ausschau.

Findest du Schilder, die mehrere Bedeutungen haben könnten?

Schleudergefahr oder fliegende Autos?

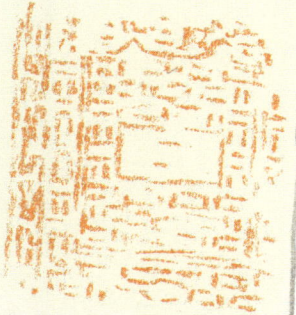

Baustelle oder jemand, der mit einem großen Sonnenschirm kämpft?

Hupen oder Trompete spielen verboten?

WERDE NATURFORSCHER

Menschen, die sich intensiv mit der Natur beschäftigen, bezeichnet man als Naturforscher. Betrachte die Natur um dich herum und suche nach Fußabdrücken und anderen Tierspuren.

Achtung! Fasse Tierkot, Federn und Gewölle nie an, da sie Krankheiten übertragen können. Wasche dir nach jedem Ausflug immer gut die Hände.

Radnetzspinnen weben jeden Tag ein neues Netz, um Fliegen und andere Nahrung zu fangen.

Zeichne Spinnennetze nach, die du draußen siehst. Ist etwas im Netz hängen geblieben?

Eulen scheiden nicht nur Kot aus, sondern würgen auch unverdauliche Nahrungsreste heraus, das sogenannte Gewölle.

1.
SUCHE NACH SPUREN, DIE TIERE HINTERLASSEN.

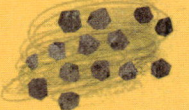

Kaninchen-kötel

Vogelkot

Sieht der Kot, den du findest, alt und trocken aus oder feucht und frisch?

Wenn Vogel- oder Fledermauskot trocknet und verwittert, bildet sich der sogenannte Guano. Guano dient als Pflanzendünger.

Fledermauskot

Fuchskot

Viele kleine, flauschige Federn auf dem Boden könnten bedeuten, dass ein Nest in der Nähe ist.

Katze

Halte nach verschieden geformten Fußabdrücken Ausschau.

Fuchs

Eich-hörnchen

2.
BESTIMME FUSS-ABDRÜCKE IN WEICHEM ODER SANDIGEM BODEN.

Schnecken sondern Schleim ab, der Unebenheiten im Boden ausgleicht und ihnen das Rutschen erleichtert.

Vogel

Die Abdrücke von Wasservögeln sehen anders aus, da die Vögel Schwimmhäute zwischen den Zehen haben.

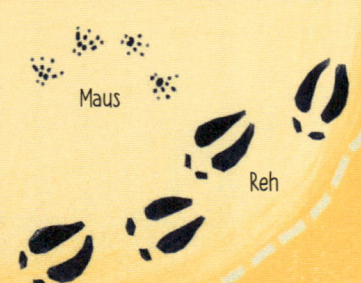

Maus

Reh

Die Larven des Nagerkäfers ernähren sich von Holz und hinterlassen viele kleine Löcher.

3. FINDEST DU FRESSSPUREN VON TIEREN?

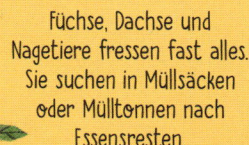

Füchse, Dachse und Nagetiere fressen fast alles. Sie suchen in Müllsäcken oder Mülltonnen nach Essensresten.

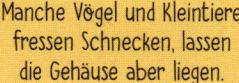

Manche Vögel und Kleintiere fressen Schnecken, lassen die Gehäuse aber liegen.

Wenn du dich ganz still verhältst, kannst du vielleicht Tiere beim Fressen beobachten, ohne sie zu stören.

Eichhörnchen und Insekten knabbern an Früchten, Blättern und Samen.

EIN LEBEN MIT AFFEN

Die britische Naturforscherin Jane Goodall begann vor über 50 Jahren damit, im afrikanischen Tansania Schimpansen in der freien Natur zu beobachten. Sie fand viele interessante Dinge heraus.

Goodall gab den Tieren, die sie studierte, Namen.

Fifi

Goodall beobachtete, dass Schimpansen die Blätter von dünnen Stöcken abrissen, um mit den Stöcken in Termitennestern nach Termiten zu „angeln".

Bis dahin hatte man geglaubt, dass nur Menschen Werkzeuge herstellen und benutzen.

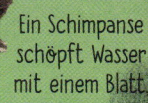

Ein Schimpanse schöpft Wasser mit einem Blatt.

Schimpansen schließen lebenslange Freundschaften.

Schimpansen umarmen, küssen, kitzeln sich und klopfen sich gegenseitig auf den Rücken.

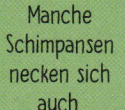

Manche Schimpansen necken sich auch.

Schimpansen wurden immer für Vegetarier gehalten, aber Goodall beobachtete, wie sie Stummelaffen jagten und fraßen.

9

STUDIERE BÄUME

Sieh dir die Bäume, an denen du vorbeikommst, ganz genau an. Kannst du sie mithilfe der abgebildeten Blätter und Beschreibungen bestimmen?

Eibe

giftige rote Beeren und grüne Nadeln

Ginkgo

fächerförmig

Zypresse

Im Winter lassen sich Bäume schwerer bestimmen, da sie dann keine Blätter haben. Einige Bäume wie Eiben, Zypressen und Stechpalmen sind immergrün und tragen das ganze Jahr über Laub.

kleine Blätter, die sich wie Schuppen überlappen

Palme

viele Wedel

Linde

Stechpalme

Stacheln

glänzende Blattoberseite

giftige Beeren

herzförmig

Eiche

gebuchteter Blattrand

Eine große Eiche kann bis zu 200 000 Blätter haben.

Buche

gesägter Blattrand

Weide

lang und schmal

Eukalyptus

silbrig grün

Blätter sind grün, weil sie den natürlichen Farbstoff **Chlorophyll** enthalten.

Geformte Bäume

Hast du schon einmal einen Baum gesehen, der ganz viele dünne Stämme hat? Man hat ihn bis auf den sogenannten „Stock" oder Stumpf zurückgeschnitten, um sein Wachstum zu steuern.

Hecken werden manchmal „auf den Stock gesetzt", damit sie auch unten dicht bleiben.

Bei der sogenannten „Schneitelung" oder „Köpfung" werden alle oberen Triebe des Baumes zurückgeschnitten, um daraus Tierfutter zu gewinnen.

Rosskastanie

fünf bis sieben Einzel-
blätter an einem Stiel

Die Blätter färben sich gelb,
braun, orange oder rot, ehe
sie abfallen, da das **Chlorophyll**
darin abgebaut wird.

Tulpenbaum

vier Spitzen
am Blatt

Ahorn

fünflappig

Edelkastanie

gesägter Blattrand

Feige

drei bis fünf
abgerundete Lappen

viele kleine Blätter, jeweils
zwei gegenüber am Spross

Kiefer

lange
Nadeln

Goldregen

gelbe
Blüten

Alle
Pflanzenteile
sind giftig.

Esche

Zapfen →

drei kleine Blätter
an jedem Stiel

Wie alt
ist ein Baum?

Untersuche an einem Baum-
stumpf, ob er an der Schnitt-
fläche dunkle Ringe hat.

Du kannst das Alter eines
Baumes herausfinden, indem
du diese Jahresringe zählst.

Auch in alten Ästen
oder Zweigen kannst
du manchmal Ringe
erkennen.

Lies Landkarten

Verbesse mit diesen Rätselaufgaben deine Fähigkeit im Kartenlesen.

Du findest einen bestimmten Punkt auf einer Landkarte, wenn du den Koordinaten folgst.

Eine sechsstellige Koordinatenangabe für diesen Punkt lautet: 413647

... und für diesen Punkt: 400630

Die ersten drei Zahlen geben an, wie weit der Punkt **nach rechts** liegt, und die folgenden drei Zahlen, wie weit **nach oben** er liegt. (Die *erste* und *zweite* sowie die *vierte* und *fünfte* Zahl sind die Zahlen für die dicken Linien. Die *dritte* und die *sechste* Zahl sagen dir, wie viele kleine Kästchen du von den dickeren Linien nach rechts oder nach oben zählen musst.)

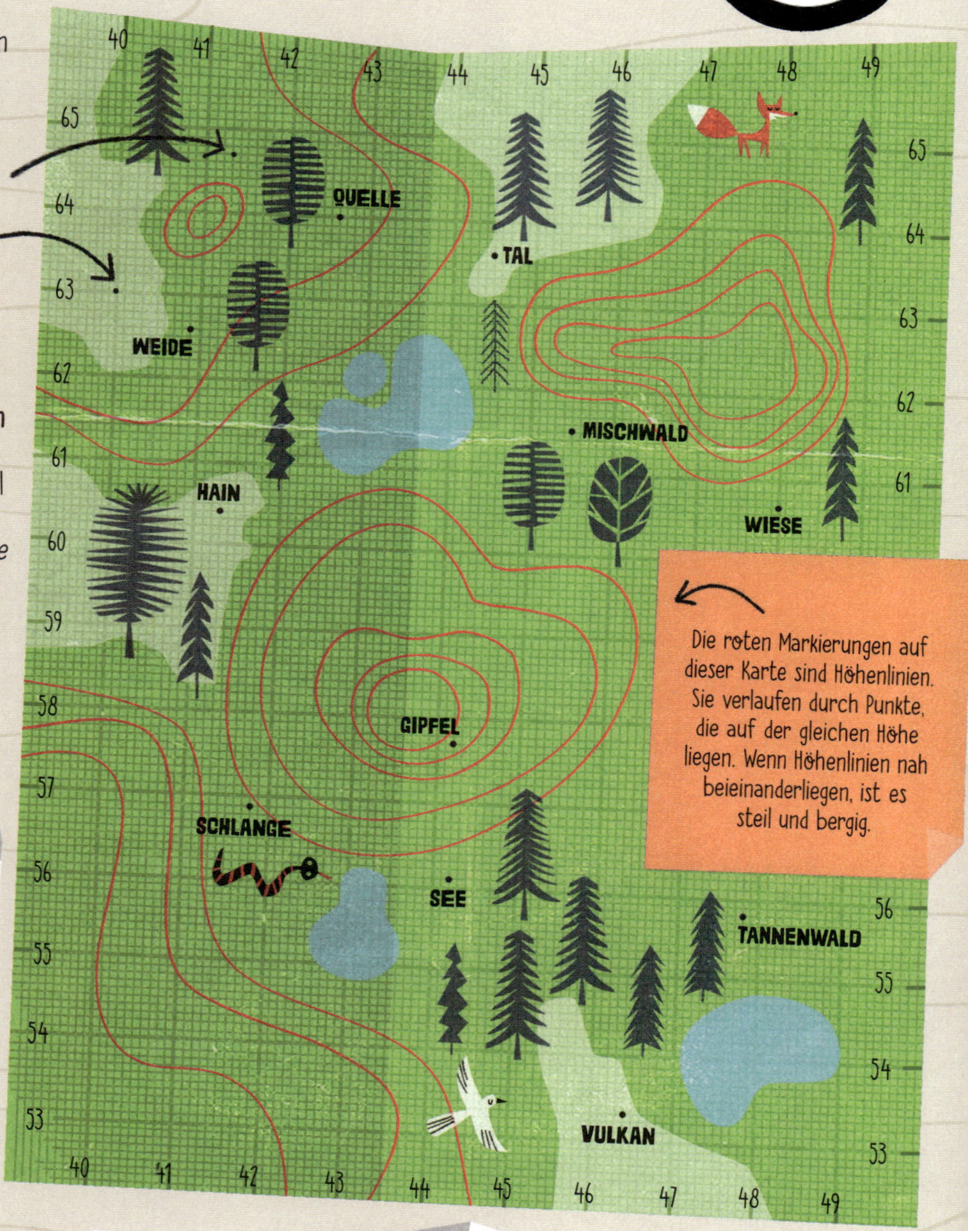

Wanderkarte

Folge der Wanderroute unten auf der Seite und finde heraus, an welchen Punkten auf der Karte du in welcher Reihenfolge vorbeikommst. Schreibe die Namen der Orte auf ein Stück Papier, bevor du auf den Antwortseiten nachschaust.

Die roten Markierungen auf dieser Karte sind Höhenlinien. Sie verlaufen durch Punkte, die auf der gleichen Höhe liegen. Wenn Höhenlinien nah beieinanderliegen, ist es steil und bergig.

QUELLE
TAL
WEIDE
MISCHWALD
HAIN
WIESE
GIPFEL
SCHLANGE
SEE
TANNENWALD
VULKAN

WANDERROUTE

START 462652, 445636, 445620, 455615, 456597, 442577, 440566, 418569, 419548, 440540, 464593, 472541, 478558 ZIEL

Buchstabenkarte

Manchmal bestehen Koordinaten-angaben auch nur aus vier Zahlen. Diese vier Zahlen geben das Quadrat an, das rechts und oberhalb der angegebenen Zahlen auf der Karte liegt.

Das Koordinatenpaar für diesen Punkt lautet zum Beispiel 9427.

Suche alle Quadrate, die zu den folgenden Koordinatenpaaren gehören. Schreibe die Buch-staben auf, die du darin findest. Welches Wort ergeben sie?

9316, 9121, 8119, 8624, 9127, 8316, 8725, 8123, 8226, 8521, 8815

Erstelle Koordinatenangaben

Sieh dir die Route des Schiffes an, die auf der Karte unten markiert ist. Schreibe die sechsstelligen Koordinaten für die Route auf ein Stück Papier.

BASTELE EINEN PAPIERHUBSCHRAUBER

Du brauchst für jeden Hubschrauber einen 5 cm x 20 cm großen Papierstreifen und eine Büroklammer.

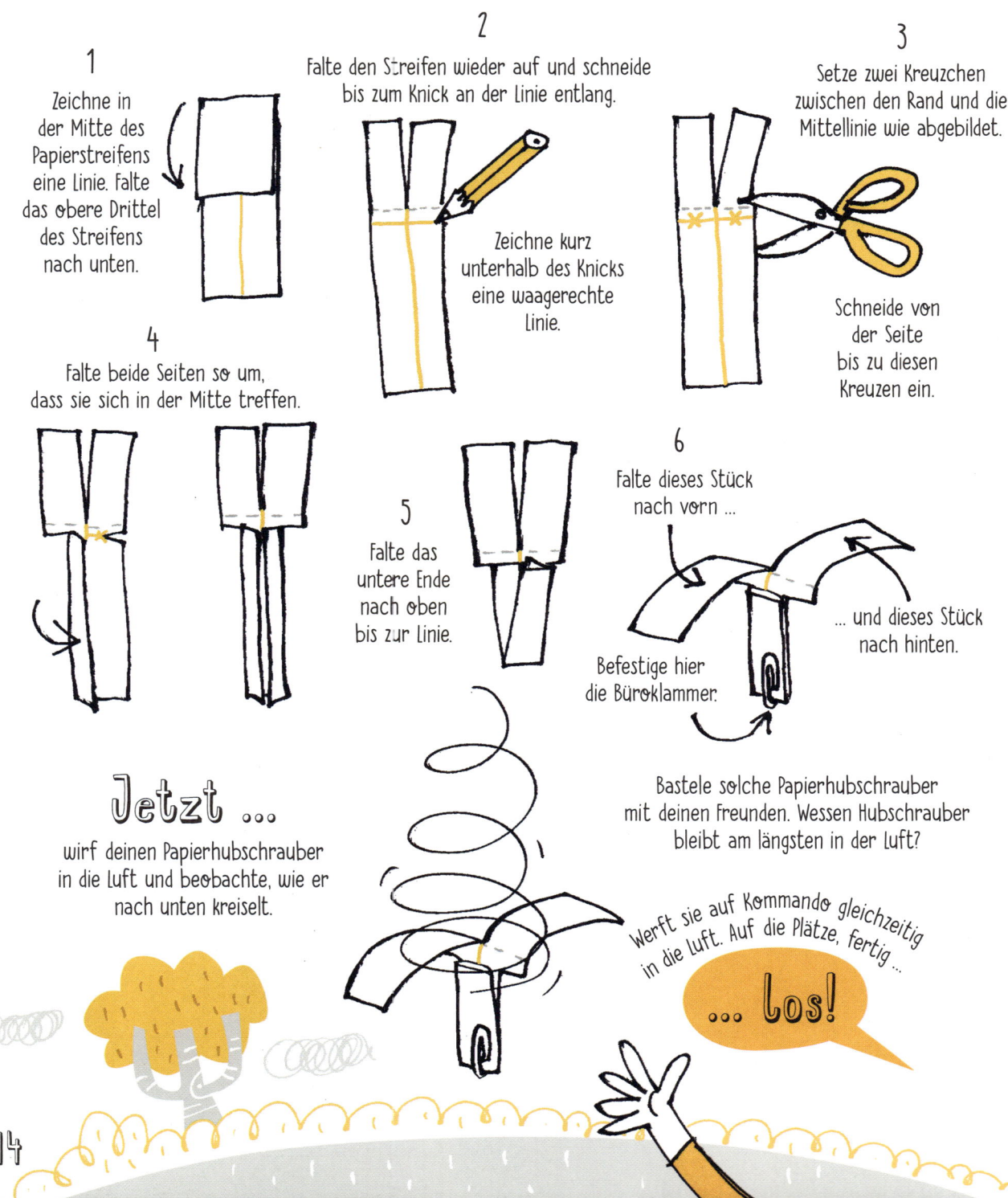

1

Zeichne in der Mitte des Papierstreifens eine Linie. Falte das obere Drittel des Streifens nach unten.

2

Falte den Streifen wieder auf und schneide bis zum Knick an der Linie entlang.

Zeichne kurz unterhalb des Knicks eine waagerechte Linie.

3

Setze zwei Kreuzchen zwischen den Rand und die Mittellinie wie abgebildet.

Schneide von der Seite bis zu diesen Kreuzen ein.

4

Falte beide Seiten so um, dass sie sich in der Mitte treffen.

5

Falte das untere Ende nach oben bis zur Linie.

6

Falte dieses Stück nach vorn ...

Befestige hier die Büroklammer.

... und dieses Stück nach hinten.

Jetzt ...

wirf deinen Papierhubschrauber in die Luft und beobachte, wie er nach unten kreiselt.

Bastele solche Papierhubschrauber mit deinen Freunden. Wessen Hubschrauber bleibt am längsten in der Luft?

Werft sie auf Kommando gleichzeitig in die Luft. Auf die Plätze, fertig ...

... Los!

14

Natürliche Hubschrauber

Einige Ahorn- und Eschenarten verbreiten ihre Samen in einem geflügelten Fruchtgehäuse, das als Samara oder Flügelnuss bezeichnet wird.

Suche im Park oder Wald auf dem Boden nach Flügelnüssen. Wenn du sie in die Luft wirfst, kannst du sehen, wie sie kreiseln.

Wenn eine Flügelnuss vom Baum fällt ...

... trudelt sie in einer Spirale zur Erde wie die Rotoren eines Hubschraubers.

Wenn du wieder zu Hause bist ...

... kannst du mit den Flügelnüssen lustige Porträts malen.

Klebe die Flügelnüsse auf ein Stück Papier und male mit einem schwarzen Stift Gesichter um die Fruchtgehäuse.

Welche anderen Bilder fallen dir ein? Vielleicht ein Vogel mit einer Flügelnuss als Flügel oder ein Kaninchen mit einer Flügelnuss als Ohren?

LASSE DICH VON BIENEN INSPIRIEREN

Lerne hier interessante Fakten über fleißige Honigbienen und halte dann die Augen offen, wenn du an einer blühenden Pflanze vorbeikommst.

Für euch immer noch „Eure Majestät"!

Honigbienen leben in Gruppen oder **Staaten** in einem Nest.

Die meisten Bienen sind

Arbeiterinnen.

Sie kümmern sich um das Nest und produzieren den Honig, von dem sich der Staat im Winter ernährt.

Ich bin ein fleißiges Bienchen.

Männliche Bienen heißen

Drohnen.

Es gibt nur wenige davon in einem Staat. Sie können nicht stechen.

In jedem Nest gibt es eine

Bienenkönigin.

Sie ist die Mutter aller Bienen eines Staates. Ihre Aufgabe ist es, Eier zu legen.

Summen

Bienen summen, wenn sie mit den Flügeln schlagen.

Suche in den Blumen nach summenden Bienen.

Das Nest besteht aus vielen Waben, die alle sechseckig sind.

Blüten aufsuchen

Arbeiterinnen fliegen von Blüte zu Blüte, um den süßen Nektar aufzusaugen.

Dabei übertragen sie ein gelbes Pulver, den sogenannten Pollen, der an ihrem Körper klebt. Diesen Vorgang nennt man Bestäubung.

Wenn du eine Biene siehst, achte genau auf den Pollen, den sie bei sich trägt.

SUMM! SUMM! SUMM!

Honig machen

Im Bauch der Bienen wird Nektar in Honig umgewandelt. Wenn sie zurück in ihrem Nest sind, spucken sie ihn in die Waben.

Alle Pflanzen (auch die, die wir essen) können nur Samen und Früchte bilden, wenn sie bestäubt wurden.

Andere Arbeiterinnen fächeln den Honig mit ihren Flügeln, damit er dickflüssiger wird.

25 % der Nahrungsmittel, die wir zu uns nehmen, wachsen nur, weil sie von Bienen bestäubt wurden.

Die Tanzsprache

Bienen teilen sich untereinander mit, wo es reichlich süßen Nektar gibt, indem sie anderen Bienen etwas vortanzen.

1 Findet eine Biene Blüten mit köstlichem Nektar ...

2 ... dann fliegt sie zum Nest zurück und erzählt den anderen mit ihrem Tanz davon.

3 Die Biene bewegt sich in die Richtung der Blumen und schwänzelt mit ihrem Hinterteil.

Je kürzer sie schwänzelt, umso näher sind die Blümen.

1 Sekunde Schwänzeln = 1 km

Schwänzel!

4 Die Biene läuft danach in einer Acht abwechselnd rechts und links herum und wiederholt den Tanz.

5 Je mehr Nahrung am Zielort ist, umso länger dauert der Tanz.

6 Die anderen Bienen machen sich dann auf den Weg zu den Blumen.

Die Strecke, die alle Arbeiterinnen eines Staates zusammen jeden Tag im Sommer zurücklegen, entspricht der Entfernung von der Erde bis zum Mond.

Jetzt tanze deinen eigenen Schwänzeltanz!

Verstecke ein Glas Honig (oder etwas anderes leckeres), das deine Freunde finden müssen. Führe sie mit deinem eigenen Bienentanz in die richtige Richtung.

Stelle dich mit dem Gesicht in Richtung des versteckten Glases. Schwänzele und bewege dich dabei vorwärts, um zu zeigen, wie weit der „Nektar" entfernt ist.

1 Sekunde Schwänzeln = 1 großer Schritt

Wiederhole den Achter-Tanz, bis jemand das Glas gefunden hat.

SPRINTE WIE EIN WELTMEISTER

Wenn du irgendwo draußen bist, wo du viel Platz zum laufen hast, helfen dir diese Tipps, um *noch schneller* zu sprinten. Du kannst allein oder mit Freunden trainieren.

ZUERST

lege deine Strecke fest. Wenn du 100 lange Schritte machst, hast du ungefähr eine Strecke von 100 m.

DANN ... AUFWÄRMEN

Gehe zunächst einige Minuten und dann jogge leicht. Mache danach diese Übungen:

Ziehe deine Fersen schnell und abwechselnd hoch bis zum Po.

Hüpfe ein oder zwei Minuten auf der Stelle.

Ziehe im Stand deine Knie abwechselnd nach oben.

Halte dabei Knie, Oberschenkel und Schultern so ruhig wie möglich.

Zähle, wie oft du diese Übung in 15 Sekunden schaffst. Dann wiederhole sie.

JETZT KANN ES LOSGEHEN ...

ACHTUNG   FERTIG   LOS!

Hebe langsam den Blick.

Halte deinen Körper zunächst in diesem Winkel.

3

Hebe deine Hüften etwas höher als deine Schultern.

Pumpe mit deinen Armen, so schnell du kannst. Je schneller du deine Arme bewegst, desto schneller laufen deine Beine.

2

Mache kleine, schnelle Schritte, damit du dich mit den Füßen optimal vom Boden wegdrücken kannst.

1

Beide Beine müssen gebeugt sein.

Halte den Kopf unten und den Blick auf den Boden gerichtet.

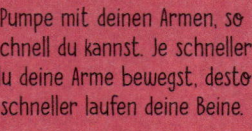

Bitte jemanden, deine Laufzeit zu stoppen. Versuche dann, diese Zeit zu unterbieten.

18

Halte deine Schultern ruhig und entspannt.

Sieh gerade nach vorn.

Dein linker Arm und dein rechtes Bein gehen zusammen nach vorn und umgekehrt. Die Arme dürfen nicht zur Seite schwingen.

Halte deinen Rumpf möglichst ruhig und gerade.

Ziehe deine Knie hoch, um längere Schritte zu bekommen.

LAUFE SO WEITER BIS ZUR ZIELLINIE!

Wissenschaftler wissen nicht genau, wie viel schneller der Mensch auf 100 m noch laufen kann ... aber viel schneller wird es wohl nicht mehr werden. Wer weiß, wann der aktuelle Rekord gebrochen wird?

Das ist der aktuelle Weltrekord

SCHNELLER UND SCHNELLER

In einem 100-Meter-Lauf zählt jedes Hundertstel einer Sekunde. Hier sind die Bestzeiten der schnellsten Sprinter:

12,00 SEKUNDEN
Thomas Burke (USA), 1896 (bei den ersten Olympischen Spielen der Neuzeit)

10,64 SEKUNDEN
Carmelita Jeter (USA), 2009

10,49 SEKUNDEN
Florence Griffith-Joyner (USA), 1988

10,30 SEKUNDEN
Jesse Owens (USA), 1936

9,58 SEKUNDEN
Usain Bolt (Jamaika), 2009

BEOBACHTE VÖGEL

Um die Vögel, die du draußen entdeckst, leichter zu bestimmen, sieh dir den Schnabel, die Flügel, Füße und Schwanzfedern genau an. Lies dir zunächst diese Doppelseite durch, damit du weißt, worauf du achten musst.

SCHNABEL

Achte auf die Form des Schnabels. Sie kann dir verraten, was der Vogel gern frisst.

Lange, schmale Schnäbel sind nützlich zum Fischefangen.

Reiher

Der Schnabel des Kolibris ist wie ein Strohhalm ...

... um Nektar aus einer Blüte zu saugen.

Manche Vögel haben hakenförmige Schnäbel, um Fleisch zu reißen.

Steinadler

Oje!

FLÜGEL

Sieh in den Himmel, um die Vögel im Flug zu beobachten. Welche Form haben ihre Flügel?

Lange, schmale Flügel eignen sich gut zum Gleiten über Wasser.

Albatros

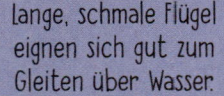

Möwe

Mit langen, breiten Flügeln können Vögel in der Luft kreisen und auf warmen Luftströmen nach oben steigen.

Adler

Storch

Kurze, abgerundete Flügel machen Vögel flink und schnell.

Sperling

Drossel

Krähe

FÜSSE

Die Füße eines Vogels verraten dir eine Menge über seine Lebensweise.

Mit Schwimmhäuten an den Füßen können Vögel im Wasser paddeln.

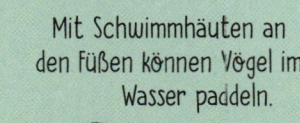

Stockente

Raubvögel haben kräftige Krallen.

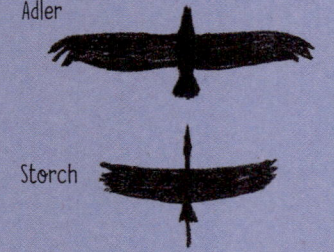

Uhu

Mit einem nach hinten gerichteten Zeh können sich manche Vögel gut an Zweigen festhalten.

Taube

Tipps zum Vögelbeobachten

Gehe frühmorgens nach draußen. Viele Vögel sind besonders am Morgen aktiv.

Verhalte dich so still wie möglich, damit du die Vögel nicht verscheuchst.

Spitze die Ohren. Oft hörst du einen Vogel, noch bevor du ihn entdeckst.

Suitt, uitt, uitt, uitt!

Bastele einen Futterapfel wie auf Seite 90, um Vögel anzulocken.

Kurze, kräftige Schnäbel sind ideal zum Aufknacken von Nüssen und Samen.

Rotkardinal

SCHWANZFEDERN

Vögel können mit den Schwanzfedern ihren Flug steuern und schnell nach oben oder unten fliegen. Hier sind einige typische Schwanzformen:

Mit einem eckigen Schwanz lässt sich schnell die Flugrichtung ändern.

Zedernseidenschwanz

Abgerundete Schwänze bieten Stabilität.

Ibis

Ein gegabelter Schwanz macht den Vogel flink und wendig.

Schwalbenweih

Superschnelle Vögel haben Flügel, die am Ende spitz zulaufen.

Mauerschwalbe

Falke

Ente

Manche Vögel haben sehr lange Schwanzfedern, mit denen sie einen Partner anlocken.

Prachtleierschwanz

Großer Paradiesvogel

Spechte und Sittiche haben zwei nach hinten gerichtete Zehen, um Bäume hochklettern zu können.

Sittich

Hühner und andere Vögel, die am Boden nach Insekten kratzen, haben meist vier Zehen mit kräftigen Krallen.

Der Strauß ist der einzige Vogel mit nur zwei Zehen. Damit kann er eine Geschwindigkeit von bis zu 70 km/h erreichen.

21

SUCHE BAUMBLÜTEN

Halte im Frühling in Parks, Gärten und an Straßen Ausschau nach Obstbäumen.
Sie tragen für gewöhnlich viele kleine Blüten in hübschen Farben.

ARTEN VON BAUMBLÜTEN

Orange
Jede Blüte hat fünf spitze Kronblätter.

Mandel
Mandelblüten sind in der Mitte oft dunkelrosa gefärbt.

Apfel
Die meisten Apfelbäume haben rosa Knospen. Die Kronblätter sind später weiß.

Birne
Birnbäume haben meist weiße Blüten, die größer sind als Apfelblüten.

Kirsche
Kirschblüten können weiß, cremefarben oder rosafarben sein.

SO UNTERSUCHST DU BAUMBLÜTEN

ZÄHLE DIE KRONBLÄTTER.
Die meisten Baumblüten haben fünf Kronblätter, aber manche haben viel mehr davon.

SIEH NACH LAUBBLÄTTERN.
Manche Bäume tragen Blüten, bevor ihre Blätter sprießen. Bei anderen Bäumen sprießen Blüten und Laub gleichzeitig.

BEOBACHTE DIE BLÜTEN.
Wähle einen bestimmten Zweig aus und beobachte ihn in den folgenden Tagen und Wochen. Wie verändern sich seine Blüten? Wie viele Früchte trägt er?

RIECHE AN DEN BLÜTEN.
Manche von ihnen verströmen einen starken süßen Duft, andere wiederum duften fast gar nicht.

PFLÜCKE DIE BLÜTEN NICHT AB!
... da der Baum sonst keine Früchte trägt. Aus den Blüten entwickeln sich später Früchte, die Tieren und Menschen als Nahrung dienen.

KIRSCHBLÜTENFEST

Wenn in Japan die Kirschblüten blühen, feiern die Japaner mit Picknicks die Ankunft des Frühlings. Diese Tradition heißt auf Japanisch *hanami*, was „Blüten betrachten" bedeutet.

Lies die Anweisungen auf der Einladung und finde den Weg zum *hanami*-Picknick.

Lieber Gast, bitte folge der Spur der abgefallenen Kirschblüten in der angegebenen Reihenfolge durch den Park, um zu unserer Picknickdecke zu gelangen.

(Gehe unterwegs an keinen anderen Blüten vorbei.)

Das japanische Wort für Kirschblüte ist *sakura*. Es gibt über 300 verschiedene Arten von Kirschbäumen, aber nur wenige tragen essbare Früchte.

In Tokio ist jetzt Hauptblütezeit.

Kirschblütenvorhersagen im Fernsehen sagen voraus, wann sich die Kirschblüten an den verschiedenen Orten öffnen werden.

Bei *hanami* geht es darum, die Schönheit zu genießen, bevor sie wieder vergeht.

Ungefähr zehn Tage nach dem Erblühen fallen die Blüten vom Baum.

START

BETRACHTE DIE WELT VON OBEN

Stelle dir einmal vor, wie die Orte, die du draußen
erkundest, wohl aus der Vogelperspektive aussehen.
Male mithilfe dieser Hinweise und Ideen
deine eigenen Landkarten.

Umrande Felder
mit einer Linie.

Male in der Stadt ein
Raster aus Straßen.

Zeichne Häuser
und Gebäude als
Quadrate und
Rechtecke ein.

Ziehe geschwungene Linien über dein Papier zu einem Fluss.

Male grüne
Kringel
als Bäume.

Fülle die
verschiedenen
Formen farbig oder
mit Mustern aus.

24

BESTIMME WIRBELLOSE

Über 95 Prozent aller Tiere haben keine Wirbelsäule. Von diesen sogenannten Wirbellosen gibt es viele verschiedene Arten.

Beantworte diese Fragen, um alle Wirbellosen zu bestimmen, die dir begegnen.

START

Hat es Beine?

NEIN

Hat es Fangarme?

NEIN

JA

JA

Hat es Stacheln am Körper?

Es ist ein Gliederfüßer. Davon gibt es vier Arten, die sich durch die Anzahl an Beinen unterscheiden.

Wenn es acht Beine hat, ist es ein **Spinnentier**, wie alle Arten von Spinnen.

Hat es Augen?

JA

NEIN

NEIN

JA

Wenn es sechs Beine hat, ist es ein **Insekt**.

Es ist ein **Kopffüßer**. Zu dieser Klasse gehören Kraken und Tintenfische.

Es ist eine **Meduse**. Das ist der wissenschaftliche Name für eine Qualle.

Besteht sein Körper aus ringförmigen Segmenten?

Es ist ein **Stachelhäuter**. Sie leben alle unter Wasser, und manche haben Arme.

Wenn es mehr als 20 Beine hat, ist es ein **Myriapode**. Tausendfüßer sind Myriapoden.

Wenn es zehn bis 14 Beine hat, ist es ein **Krebstier**. Dazu gehören Krabben und Garnelen.

Du hast einen **Ringelwurm** vor dir. Alle Würmer sind Ringelwürmer.

JA

NEIN

Hat es ein Gehäuse, das aus zwei Teilen besteht?

JA

NEIN

Es ist eine **Muschel**. Muscheln leben im Wasser. Sie haben eine zweiteilige Schale.

Es ist eine **Schnecke**. Manche Schnecken tragen ein Gehäuse, um ihren weichen Körper zu schützen.

FINDEST DU ALL DIESE WIRBELLOSEN, DIE IRGENDWO IM BUCH VERSTECKT SIND?
Auf welchen Seiten befinden sie sich?

A   B   C   D   E   F   G   H

Zu welcher Art von wirbellosen Tieren gehören sie?

TANZE IM REGEN

Regenschirme wurden erfunden, um dich vor den Wassertropfen zu schützen. Aber eigentlich wollen Schirme nur TANZEN. Lasse dich von deinem Regenschirm führen und probiere diese Schritte aus ... auch wenn es gar nicht regnet.

Probiere diese Bewegungen mit geschlossenem Schirm ...

SCHLENDERSCHRITT

Der Trick besteht darin, so fröhlich wie möglich zu wirken, so als wäre dir der Regen SCHNURZPIEPEGAL.

RUNDSCHWUNG

Schwinge deinen Schirm nach unten und rundherum im Kreis.

HALBSCHWUNG

Schwinge ihn von einer Seite zur anderen.

STOCKWURF

Wirf den Schirm in die Luft und fange ihn wieder auf.

HÜFTSCHWUNG

Bewege deine Arme nach rechts und deine Hüfte nach links, dann in die andere Richtung.

DISCOFIEBER

Zeige mit deinem Schirm nach unten und dann schräg nach oben.

Singin' in the Rain

Der ultimative Schirmtanz fand in dem amerikanischen Film *Singin' in the Rain* aus den 1950er Jahren statt. Der berühmte Hauptdarsteller Gene Kelly hüpfte während der Dreharbeiten durch so viele Pfützen, dass sein Anzug einlief.

Probiere diese Bewegungen mit offenem Schirm ...

RUNDGANG

Stütze den Schirm auf den Boden und gehe um ihn herum.

Versuche, den Schirm gleichzeitig zu drehen.

WINDFÄNGER

Halte den Schirm, als würde er vom Wind weggeblasen werden.

Drehe dich dabei im Kreis herum.

HÜPF-SCHRITT

Beuge dein linkes Bein nach hinten und hüpfe auf dem rechten in die Luft.

LATERNENSCHWUNG

Halte dich mit einer Hand an einer Laterne fest.

Drehe dich um die Laterne.

SCHIRM-KREISEL

Lege den Schirm über deine Schulter und drehe am Griff, damit er kreiselt.

REGENFINALE

Strecke deine Arme und den Schirm zur Seite aus.

JETZT ...

Kombiniere die Schritte in beliebiger Reihenfolge zu einem Tanz.

Ein besserer Schirm?

Viele Erfinder haben versucht, den Regenschirm zu optimieren. Hier sind einige Modelle.

Spähe durch diese integrierte Brille.

Vermeide Spritzwasser mit diesem Duschvorhangschirm.

Beschirme deine Zehen.

Fallen dir andere Schirm-Erfindungen ein? Mache eine Skizze.

27

SPIELE MIT STÖCKEN

Es gibt viele Spiele und Aktivitäten mit kleinen oder großen Stöcken, die du im Park oder im Wald findest.

Stöckchen-Mikado

Für dieses Spiel brauchst du mindestens 20 ganz dünne Stöckchen oder so viele, wie du in einer Hand halten kannst.

1. Stelle alle Stöcke mit beiden Händen aufrecht auf den Boden und lasse sie dann fallen. Die Stöcke liegen jetzt durcheinander auf einem Haufen.

2. Jeder Spieler versucht abwechselnd, einen Stock wegzunehmen. Wenn sich dabei einer der anderen Stöcke bewegt, musst du deinen Stock zurücklegen und ein anderer Spieler ist dran.

3. Das Spiel dauert so lang, bis jemand den letzten Stock wegnimmt. Wer jetzt die meisten Stöckchen hat, ist der Sieger.

Probiere diese Techniken:

von oben greifen

ein Ende nach unten drücken und hochheben

hebeln (mit einem anderen Stock, den du schon weggenommen hast)

Stockstift

Male oder schreibe mit einem spitzen Stock in Matsch oder in feuchten Sand.

Stöcke oder Insekten?

Einige Arten von Insekten, die sogenannten Stabschrecken, sind auf Pflanzen nur schwer zu erkennen. Sie sehen aus wie kleine Stöckchen ...

... oder Blätter.

Mache daraus ein Spiel: Deine Freunde müssen raten, was du malst oder schreibst, bevor du fertig bist.

Miniflöße

Bastele aus Stöcken und Schnur ein Minifloß.

1. Lege vier Stöcke in einem Viereck auf den Boden.

2. Knote ein Stück Schnur an einer Ecke um ein Stockende.

3. Wickele die Schnur an dieser Ecke um beide Stockenden und binde einen Knoten.

4. Binde die anderen drei Ecken genauso zusammen.

5. Befestige Stöcke quer über dem gesamten Rahmen.

6. Lasse dein Floß auf einem Teich oder in einem Eimer Wasser schwimmen. Wie viele Steine trägt es, bevor es untergeht?

Stockrätsel

Suche einige Stöcke, die relativ gerade und ungefähr gleich lang sind, und lege sie wie unten abgebildet auf den Boden. Kannst du die Rätsel mit deinen Freunden lösen? Die Lösung findest du am Ende des Buches.

1. Mache aus diesen drei Stöcken sechs. Du darfst sie nicht zerbrechen.

Kleiner Tipp: Denke wie ein Römer.

2. Welche drei Stöcke musst du umlegen, damit nur noch drei Quadrate übrig bleiben?

3. Lege zwei Stöcke um, sodass der Stein außerhalb des Kelches liegt.

GEHE AUF DSCHUNGELABENTEUER

Finde draußen ein ruhiges Plätzchen und begib dich mit dieser Anleitung auf eine Reise durch den Amazonas-Dschungel. Entscheide, welchem Pfeil du folgst, und lasse dich überraschen, was passiert.

BEGINNE HIER

Nach wochenlanger Suche entdeckst du endlich eine extrem seltene Goldene Frauenmantelrose. Du willst sie fotografieren, aber ehe du dichs versiehst, hat ein Affe deine Kamera geklaut.

Der Affe schwingt sich hoch in die Baumwipfel. Du läufst ihm hinterher, so schnell du kannst.

Du verfolgst den Affen bis zum Flussufer. Dort siehst du gerade noch, wie er mit deiner Kamera in der Hand auf ein Floß springt.

Du springst ihm nach ...

... landest aber im Wasser. Du kletterst an land und ...

In einer blitzschnellen Reaktion reißt du ihm die Kamera weg, bevor er sich davonmachen kann.

Nachdem sie dir dein Lunchpaket, deinen Reiseführer und alle Sachen in deinem Rucksack weggenommen haben, lassen sie dich endlich in Ruhe.

Nach zehn Minuten gibst du auf. Du bist völlig außer Atem und der Affe ist spurlos verschwunden. Du ...

... gehst wieder zurück.

Der Affe ist böse und ruft seine Freunde herbei.

Bald bist du von zornigen Affen umgeben, die laut kreischend ihre Fäuste schütteln.

Als du zum dritten Mal am selben Gummibaum vorbeikommst, dämmert dir langsam, dass du dich total verlaufen hast.

Du rennst schnell davon. Diesen frechen Affen wirst du deinen teuren Apparat nicht überlassen.

Auf deinem Weg siehst du im Blätterwerk etwas glitzern. Du schaust genauer nach und findest ...

... aber du kannst sie nicht erreichen. Du kletterst etwas höher hinauf, um besseren Empfang zu bekommen.

Du wählst die Nummer des Dschungelrettungstrupps ...

Ende. Kurze Geschichte, was?

... eine kleine Lichtung mit Goldenen Frauenmantelrosen. Was für ein herrlicher Anblick! Ach, hättest du doch nur deine Kamera!

Eine halbe Stunde später lässt ein Rettungs-hubschrauber eine Strickleiter zu dir in den Dschungel herab und du bist gerettet.

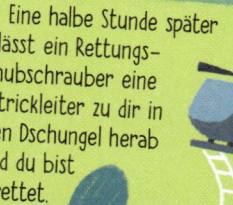

GESCHAFFT!

... und zwinkert dir zu. Er steuert das Floß ans andere Ufer und gibt dir ein Zeichen, ihm zu folgen.

Schließlich bleibt der Affe stehen und deutet auf zwei Büsche, zwischen denen du hindurchgehen sollst.

Ein erstaunlicher Anblick erwartet dich: ein Baum, an dessen Ästen Tausende von Kameras hängen. Es ist die Kamerasammlung des Affen.

... und landest auf dem Floß. Der Affe sieht dich an ...

Vor dir erhebt sich ein großer Stein, in den lauter Affen eingeritzt sind. Wer (oder was) hat diese Bilder geschaffen?

Als der Affe sich umdreht, um in den Dschungel zurückzulaufen, entreißt du ihm deine Kamera und rennst davon.

Hilfe! Du stolperst über eine Wurzel und fällst in ein tiefes Loch.

Als du wieder nach oben kletterst, befindest du dich in einem ganz anderen Teil des Dschungels.

... und springt dann ans andere Ende des Floßes. Das Floß saust den Fluss entlang, bis es endlich anhält. Du ...

Du versuchst verzweifelt, hinauszuklettern, aber du schaffst es nicht. Da taucht der Kopf des Affen über dir auf.

Du schaust nach oben und siehst, wie der Affe davonflitzt. Du bleibst allein in dem schwarzen Loch zurück.

... erkundest die Umgebung, in der du dich jetzt befindest. Die Vielfalt an Pflanzen und Tieren hier ist atemberaubend.

Er lässt deine Kamera zu dir ins Loch herunter und grinst dich entschuldigend an.

Du entdeckst auch eine Goldene Frauenmantel-rose, einen wegflitzenden Affen und ... deine Kamera! Als du sie einschaltest, blinkt eine Anzeige auf: SPEICHER VOLL.

Du klickst durch die Bilder und findest dabei diese Aufnahmen:

... machst ein Foto von der Goldenen Frauenmantelrose. Geschafft!

AKKU LEER! Die ganze Expedition war völlig umsonst!

Du löschst schnell den Speicher und ...

MALE HIMMELSBILDER

Schaue in den Himmel und male, was du dort oben siehst.
Hier sind mehrere Techniken, die du draußen oder drinnen
am Fenster ausprobieren kannst.

Wolken ausradieren

1 Halte einen Bleistift schräg und fahre damit
großflächig über ein Blatt Papier.

2 Nimm einen Radiergummi und radiere die
Bleistiftschraffur teilweise weg. So lassen sich
gut Nebelschwaden oder Wolken darstellen.

Papierhimmel

Blättere durch alte Zeitschriften und suche
nach Abbildungen und Fotos, die die Farbe
oder Struktur haben, die du brauchst.

Reiße Streifen heraus und klebe sie für
deine Himmels-Collage auf ein Blatt Papier.

Wässerige Farbe

1 Mische blaue Farbe oder einige Tropfen
Speisefarbe oder Tinte mit Wasser.

2 Tauche einen Pinsel oder einen Schwamm
in die Mischung und male oder tupfe
die Farbe auf ein Blatt Papier.

Zahnbürstenspritzer

1 Tauche eine alte Zahnbürste
in blaue Farbe.

2 Streiche mit dem Finger über
die Borsten, sodass die Farbe
aufs Papier spritzt.

Wachsweiß

1 Male mit dem unteren Ende einer Kerze verschiedene Wolkenformen auf ein Blatt Papier.

2 Male dann mit einer wässrigen Farbmischung über die Wachswolken. Nimm Rosa oder Orange für einen Sonnenuntergang.

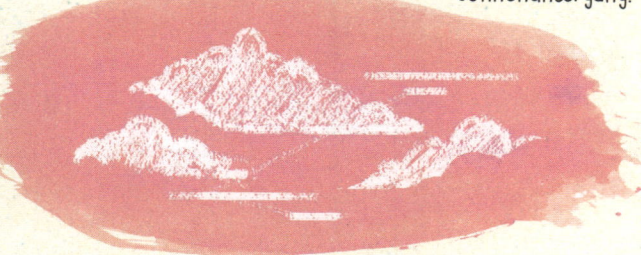

An den Stellen, wo das Wachs ist, perlt die Farbe ab und das Papier bleibt weiß.

Wolken drucken

1 Male ein Blatt Papier blau an und lasse es gut trocknen.

2 Verteile etwas Deckweiß auf einem alten Teller. Rolle ein Stück Stoff zusammen, tupfe es in die weiße Farbe und drucke Wolken in den Himmel.

Füge mit einem schwarzen Filzstift am unteren Rand des Bildes eine Landschaft hinzu.

EIN FREILUFTKÜNSTLER

Der britische Maler John Constable (1776–1837) schuf so realistische Himmelsbilder, dass Meteorologen noch heute genau sagen können, wie das Wetter damals war. Aber warum konnte er die Wolken und den Himmel so gut malen?

Es gibt kaum eine Landschaft, wo der Himmel nicht die Hauptrolle spielt.

Für Constable war der Himmel der wichtigste Teil seiner Gemälde.

Daher verließ er oft sein Atelier und malte den Himmel draußen in der Natur.

Er saß mit seinem Farbkasten auf den Knien und malte die sich verändernden Wolken und Lichtverhältnisse auf ein Stück Papier im Deckel des Farbkastens.

ADOPTIERE EINEN BAUM

Wähle einen Baum in deiner Nähe aus und freunde dich mit ihm an.

Was steckt in einem Namen?

Gib deinem Baum einen Namen, der zu ihm passt. Bedenke dabei, wo er steht und wie er aussieht. Hier sind einige Ideen als Anregung.

GRÄFIN	SILVANA	BIRKE
SEINE EXZELLENZ		KLEEWALD
GRAF	STOLZ	VON EICHENHAIN
IHRE MAJESTÄT	KNORRHOLD	BLITZSCHLAG
FREIHERR	HERMANN	VON PARKREICH

Sieht dein Baum besonders ehrwürdig aus, verleihe ihm einen Adelstitel.

Sprich den Namen laut aus, um zu hören, wie er klingt.

Adoptions-urkunde

Graf Knorrhold von Eichenhain

(Eiche in der Wohnstraße)

wurde adoptiert von Lily Ratz
4. Januar

Wenn du einen passenden Namen gefunden hast, stelle dir eine Adoptionsurkunde aus.

Wichtige Daten

Miss deinen Baum.

Wie hoch?

1

Falte ein quadratisches Stück Karton diagonal.

2

Stelle dich mit dem Rücken zum Baum. Beuge dich nach vorn und halte den Karton so hinter deine Beine, dass eine der kurzen Seiten parallel zum Boden verläuft.

3

Sieh durch deine Beine hindurch an der gefalteten Kante entlang in Richtung Baum.

4

Gehe dabei näher zum Baum hin oder weiter weg, bis du seine Spitze gerade noch sehen kannst.

Wie dick?

Wickele ein langes Stück Schnur einmal um den Stamm deines Baumes. Miss dann die Schnur mit einem Lineal, um den Umfang des Stammes zu ermitteln.

5

Miss die Entfernung zwischen dir und dem Baum. Die Höhe des Baumes entspricht ungefähr dieser Entfernung.

Führe ein Baumtagebuch

Schreibe auf, wie sich dein Baum im laufe eines Jahres verändert.

Wohnen Tiere in deinem Baum?

Tauben, die ein Nest bauen

Woran siehst du, dass er wächst?

Suche nach Insekten.

Spinne

Ameisen

Raupe

Käfer

Liste auf, welche Tiere deinen Baum besuchen.

Viele Eichhörnchen sammeln heute Eicheln.

Produziert dein Baum Samen? Wenn ja, miss sie. Wie lang sind sie? Was wiegen sie?

Was passiert, wenn du einen Samen auf die Erde fallen lässt? Rollt er weg, bricht er auf, flattert er hinunter oder springt er vom Boden ab?

Verliert dein Baum seine Blätter?

Bäume, die ihre Blätter am Ende des Sommers abwerfen, nennt man „sommergrün". Bäume, die ihre Blätter das ganze Jahr über behalten, nennt man „immergrün".

Blätter durchpausen

Sammele verschiedene abgefallene Blätter und mache ein Pausbild.

Lege das Baumblatt unter ein Stück Papier.

Fahre mit einem Wachsmalstift über das Papier, bis du den Abdruck des Blattes erkennst.

Schmiede Pläne für eine einsame Insel

Wenn du nach einem Schiffbruch einmal auf eine einsame Insel gespült würdest, was hättest du dann gern bei dir? Beantworte die folgenden fragen und stelle einen perfekten Überlebensplan auf.

Welche acht Nahrungsmittel hättest du gern in deinem Picknickkorb?

Welche Kleidungsstücke könntest du jeden Tag tragen?

Mit welchen fünf Dingen aus deinem Zimmer würdest du dir deinen Unterschlupf gemütlich machen?

TRAUTES HEIM, GLÜCK ALLEIN

Und welches Getränk sollte in einer sich ständig nachfüllenden Thermoskanne sein?

Hättest du lieber Schuhe oder würdest du barfuß gehen?

Welches andere Buch würdest du neben Tschüss langeweile mitnehmen?

Welches Tier hättest du gern zur Gesellschaft? Vielleicht ein Äffchen oder einen Papagei, oder lieber einen Elefanten?

Welche sechs Lieblingslieder würdest du auswählen?

Welche Nachricht würdest du in eine Flasche stecken, damit jemand sie in ferner Zukunft liest?

Bereite dich mit diesen Überlebens-
techniken gut auf dein Leben auf
einer einsamen Insel vor.

Einen Hut falten

Falte aus einem großen rechteckigen Papier einen
Hut, um dich vor der Sonne zu schützen.

1 Falte das Papier einmal
quer in der Mitte.

2 Falte die linke und rechte
obere Ecke in die Mitte.

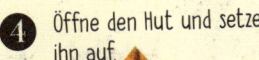

3 Falte den unteren Rand
vorn und hinten nach oben.

4 Öffne den Hut und setze
ihn auf.

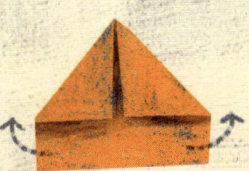

Die Himmels-
richtung ermitteln

Wenn die Sonne scheint, kannst du auch
ohne Kompass herausfinden, wo Norden ist.

1 Stecke einen geraden
Stock aufrecht in den
Boden. Lege einen Stein
an das Ende seines
Schattens.

2 Warte 15 Minuten. Der
Schatten wird dann
gewandert sein. Lege
nun einen anderen
Stein an das Ende des
neuen Schattens.

3 Wenn du dich mit deinem linken Fuß an den ersten
Stein und mit deinem rechten an den zweiten
stellst und dabei die Sonne im Rücken hast, schaust
du genau nach Norden.

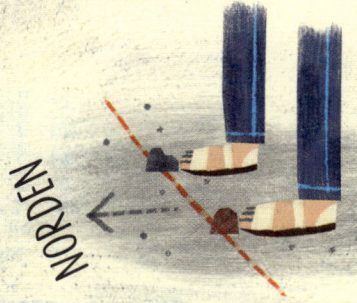

NORDEN

Wenn du jetzt deine Arme ausstreckst, zeigt dein
linker Arm nach Westen und dein rechter nach Osten.

Einen Wanderstock basteln

Mache aus einem alten Stock einen Wanderstock,
um sicher über Sand und Steine zu laufen.

Nimm einen Stock,
der etwas über
deine Hüfte reicht.

Suche einen Stock,
der oben einen kleinen
Ast als Griff hat.

Brich alle
anderen Zweige
am Stock ab.

Reibe deinen Stock
mit einem rauen Stein
ab, um die Borke zu
entfernen. Darunter ist
das Holz meist glatt.

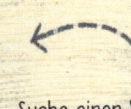

SPIELE UNTERWEGS SPIELE

Mit diesen Spielen macht eine Autofahrt oder ein Spaziergang viel mehr Spaß.

Ich sehe DREI Dinge

Dieses Spiel kannst du allein oder in einer Gruppe spielen.

Wähle zuerst einen Buchstaben aus, zum Beispiel „L".

Suche nun drei Dinge, die mit diesem Buchstaben anfangen.

Wenn du das Spiel mit anderen zusammen spielst, darf niemand einen Begriff wiederholen, der bereits genannt wurde. Wer zuerst drei Dinge entdeckt hat, gewinnt die Runde.

Wähle für jede Runde einen neuen Buchstaben aus.

> Ich sehe ... eine LATERNE, LÖWENZAHN ... hmm ... oh, und einen LUFTBALLON!

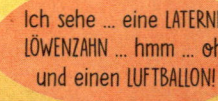

Lippenlesen

Spiel für zwei Spieler

1 Halte dir mit den Händen die Ohren zu, sodass du nichts hörst. Wenn du einen Kopfhörer hast, kannst du auch Musik einschalten, um noch weniger mitzubekommen.

2 Der zweite Spieler sagt jetzt mehrmals hintereinander den gleichen Satz ...

... und du versuchst, an seinen Lippen abzulesen, was er sagt.

> Elefanten essen Käsebrote.

> Ellas Tante fährt ins Abendrot?

> Elf Antennen sind riesengroß?

3 Rate so lange, bis du den richtigen Satz erkannt hast. Wenn du den Satz nicht errätst, tauscht ihr die Rollen und spielt noch einmal.

Nur eine Silbe

kniffliges Spiel für zwei oder mehr Spieler

Die Spieler müssen sich unterhalten und dürfen dabei nur Wörter verwenden, die aus einer Silbe oder einem Laut bestehen, zum Beispiel Haus, Baum, Weg, du, ich ...

> Willst du ein Brot?

> Ja, gern. Kann ich ein Kä... Ich nehm ein Brot mit Wurst.

> Hier ist dein Brot. Ach, wie spät ist es denn jetzt?

> Oh, es ist zehn nach sieben ... UPS!

Wenn ein Spieler ein Wort mit mehr als einer Silbe sagt, scheidet er aus.

Wer am Schluss übrig bleibt, hat gewonnen.

Denke daran, manche einsilbigen Wörter können ziemlich lang sein.

schleichst schläfst träumst

Herbst Klatsch schlicht

Und du kannst deine einsilbigen „Aahs" und „Oohs" so lang ziehen, wie du magst.

Oooooooooooooooooooooooooooooooooooo ooooooooooooooooooh! Aaaaaaaaaaaaaa aaaaaaaaaaaaaaaaaaaaaaaaaaaaaaaaah!

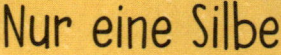

Melodienraten

Spiel für beliebig viele Spieler

1 Summe die erste Zeile eines bekannten Liedes. Jeder Mitspieler darf ein Mal raten, welches Lied es ist.

2 Rät jemand richtig, dann singt dieser Spieler einen neuen Liedanfang. Errät niemand dein Lied, summe die ersten beiden Zeilen.

3 Summe immer eine Zeile mehr und lasse deine Freunde weiterraten. Kann niemand das Lied erraten, sage ihnen, welches es war.

HMMMHMMMHMMMMMHM...

KETTENGESCHICHTE

Erzählt euch zu mehreren Satz für Satz eine Geschichte.

Ein Spieler beginnt und sagt einen Satz:

> Ein Krokodil namens Otto hatte ein großes Problem.

Dann fügt jeder Mitspieler der Reihe nach einen weiteren Satz hinzu:

> Otto hatte keine Zähne!

> Er konnte mit seiner Gummischnauze keine Fische fangen.

> Also trank er nur Tomatensuppe.

Wenn jemand glaubt, dass die Geschichte fertig ist, ruft er:

> ENDE!

Plitsch–platsch

Bei diesem Zahlenspiel werden einige Zahlen durch „plitsch", „platsch" oder „plitsch-platsch" ersetzt.

PLITSCH für Zahlen, die durch 3 teilbar sind, wie 3, 6, 9, 12 ...

PLATSCH für Zahlen, die durch 5 teilbar sind. Diese Zahlen enden auf 0 oder 5.

PLITSCH-PLATSCH für Zahlen, die durch 3 und durch 5 teilbar sind, wie 15, 30, 45 ...

1 Fangt bei 1 an zu zählen und sagt nacheinander jeweils eine Zahl:

1 ...	2 ...	3 ...	4 ...	5 ...	6 ...	7 ...
EINS	ZWEI	PLITSCH	VIER	PLATSCH	PLITSCH	SIEBEN

2 Zählt so lange weiter, bis jemand einen fehler macht oder zu lange überlegt.

41 ...	42 ...	43 ...	44 ...	45 ...	46 ...
EINUND-VIERZIG	PLITSCH	DREIUND-VIERZIG	VIERUND-VIERZIG	PLITSCH-PLATSCH	ÄÄHMM

SUCHE EINEN REGENBOGEN

Regenbögen sind ein seltener Anblick. Wenn du den Tipps auf dieser Seite folgst, hast du größere Chancen, einen zu finden.

Regenbögen werden am Himmel sichtbar, wenn sich das Licht der Sonne in Millionen winzigen Wassertropfen bricht. Du entdeckst sie also, wenn es regnet und gleichzeitig die Sonne scheint.

Du siehst einen Regenbogen eher frühmorgens oder später am Nachmittag, da die Sonne dann tiefer am Himmel steht.

Besonders häufig bildet sich ein Regenbogen, wenn die Sonne nach einem Schauer oder einem Gewitter durch die Wolken bricht.

Manchmal siehst du „Regenbögen" in der Nähe von Wasserfällen, weil diese kleine Wassertröpfchen in die Luft sprühen.

MACHE EINEN REGENBOGEN

Mit einem Gartenschlauch kannst du an einem sonnigen Tag versuchen, dir deinen eigenen Regenbogen zu schaffen.

Stelle dich mit dem Rücken zur Sonne. Drehe die Düse so, dass feiner Nebel aus dem Schlauch spritzt, oder halte deinen Daumen über die Schlauchöffnung.

ROT
ORANGE
GELB
GRÜN
BLAU
INDIGO
VIOLETT

SCHREIBE EINE REGENBOGEN-ESELSBRÜCKE

Eine Eselsbrücke ist ein Merkspruch, mit dem du dir irgendetwas besser einprägen kannst. Vielleicht kennst du schon einen Spruch, um dir die Farben des Regenbogens zu merken (siehe links oben)?

Du kannst jeweils die ersten Buchstaben zu einem fantasienamen zusammenfügen:

Rogg Biv

Oder du bildest mit den Anfangs-buchstaben einen Satz. So kannst du dir zum Beispiel die Reihenfolge der Himmelsrichtungen merken:

Nie ohne Schuhe wandern. (Norden, Osten, Süden, Westen)

Denke dir jetzt einen Satz für die Reihenfolge der Regenbogenfarben aus. Je verrückter der Satz, umso besser!

Rote Ochsen gehen gern barfuß ins Verderben.

REGENBOGEN AUF DEM KOPF

Wenn sich Sonnenlicht in Eiskristallen in dünnen Wolkenfetzen bricht, kann ein umgedrehter Regenbogen entstehen. Du siehst ihn, wenn du direkt über dir in den Himmel schaust.

Dieser Bogen heißt Zirkumzenitalbogen.

SPIELE EIN REGENBOGENSPIEL

Du kannst dieses Spiel allein oder mit mehreren spielen, während du eine Straße entlanggehst oder während einer Autofahrt aus dem fenster schaust.

Stoppschild!

Verkehrskegel!

1 Das Spiel beginnt, wenn jemand etwas entdeckt, das rot ist.

2 Suche als Nächstes einen orangefarbe-nen Gegenstand und danach einen gelben, einen grünen, einen blauen, einen indigo-farbenen und schließlich einen violetten.

3 Nimm nun die Farben rückwärts bis Rot und fange dann wieder von vorn an.

DREHE EINEN NATURFILM

Filme mit einem Smartphone einen kurzen Dokumentarfilm. Du musst nicht extra in die Wüste oder in den Regenwald fahren, um etwas Interessantes aufzunehmen.

Das geheime Leben der Schnecken

Die Spinnen aus der Finkenvilla

BRAINSTORMING FÜR DEINE DOKU

Was machen Katzen den lieben langen Tag?

Meine Straße in zehn Blumentöpfen

Meine Freunde und andere Tiere

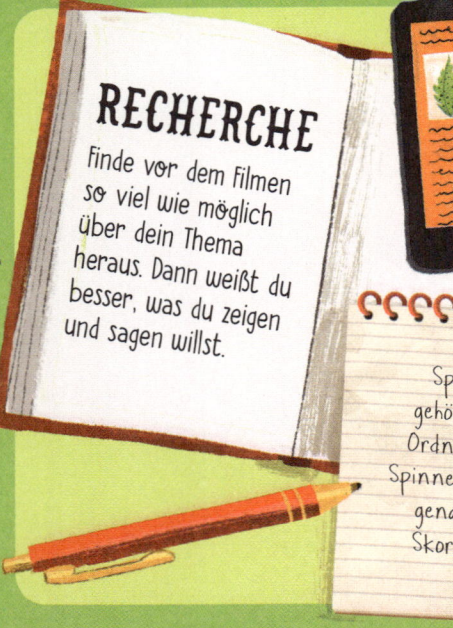

RECHERCHE

Finde vor dem Filmen so viel wie möglich über dein Thema heraus. Dann weißt du besser, was du zeigen und sagen willst.

Spinnen gehören zur Ordnung der Spinnentiere ... genau wie Skorpione.

PLAN

Dein Dokumentarfilm braucht wie eine Geschichte einen Anfang, einen Mittelteil und einen Schluss. Überlege, was du aufnehmen willst und in welcher Reihenfolge. Du könntest einen groben Ablauf skizzieren und einige Stichpunkte aufschreiben, was du im Film sagen möchtest.

Tschüss Langeweile für Katzen

Anfang

Diese Katze leidet unter Langeweile.

Untersuchungen haben gezeigt, dass Katzen gern spielen. Das hält sie geistig und körperlich fit.

Mittelteil

Unter welchem Becher ist das Leckerli?

Fang die Schnur!

Wir spielen Verstecken.

Schluss

Auftrag erfüllt! Die Katze langweilt sich nicht mehr.

TIPPS ZUM FILMEN

AUFNAHMETECHNIKEN

Filme deine Doku mit einer Smartphone-Kamera. Du kannst …

… der Bewegung folgen.

… ganz nah heranzoomen.

TOP-TIPP

lege das Handy auf eine niedrige Mauer oder Tischplatte, dann wackelt das Bild weniger.

… ganz weit weg zoomen, um die Umgebung einzufangen.

TON

Suche einen ruhigen Ort für die Aufnahme, damit gut zu hören ist, was du sagst.

Du könntest die Szene mit dramatischer Stimme beschreiben …

… oder gar nichts sagen und die Bilder für sich sprechen lassen.

Und wieder muss die Schnecke die schwere Hürde der Türschwelle überwinden, bevor jemand versehentlich auf sie drauftritt.

LICHT

Filme nie gegen die Sonne oder eine andere Lichtquelle, sonst sind deine Hauptdarsteller schwer zu erkennen.

TIMING

Denke immer daran: Du kannst deinen Film noch so gut planen, aber manchmal musst du die Gelegenheit einfach beim Schopf … oder Schwanz packen!

Jetzt fange an zu filmen …

ACTION!

43

VERIRRE DICH

Mit diesem Grundriss des Irrgartens der italienischen Villa Pisani kannst du zeigen, wie gut du dich in einem Labyrinth zurechtfindest. Suche mit dem Finger einen Weg vom Start bis zum Turm in der Mitte. Wenn du dich verläufst, kannst du den Trick unten anwenden. Er funktioniert auch in einem echten Irrgarten.

Der französische Kaiser Napoleon I. kaufte die Villa Pisani im Jahr 1807.

Je fus presque vaincu par ce labyrinthe.*

*Französisch für: „Ich wurde fast von diesem Irrgarten besiegt."

Irrgartentrick

Folge immer einer Seitenwand, der rechten oder der linken. Fahre mit der Fingerspitze an der Mauer oder Hecke entlang und lasse den Finger auch bei Abzweigungen an der Wand.

START

Wenn du in diesem Mini-Irrgarten immer der linken Seitenwand folgst, sieht dein Weg so aus:

Das ist nicht der kürzeste Weg, aber der sicherste!

Dieser Trick ist vor allem draußen hilfreich, wo hohe Hecken die Sicht behindern.

Der linke Teil der Seite zeigt einen großen Irrgarten mit den Beschriftungen **TURM** und **START**.

Immer im Kreis

Es gibt eine besondere Art von Irrgarten, in dem du dich nicht verlaufen kannst — das Labyrinth. Darin schlängelt sich der Weg bis zur Mitte. Folge in dem Labyrinth unten den Kurven und Windungen.

Dieses Labyrinth befindet sich auf dem Steinfußboden der Kathedrale in Chartres, Frankreich. Es versinnbildlicht die langen Wege, die manche Menschen auf sich nehmen, um zu einem heiligen Ort zu gelangen.

Buchstaben-Irrgarten

Finde einen Weg durch diesen Irrgarten. Schreibe die Buchstaben auf, an denen du vorbeikommst, um die geheime Botschaft zu entschlüsseln.

LÜGE DAS BLAUE VOM HIMMEL

Erfinde unglaubliche Geschichten, um dir auf langen
Spaziergängen oder Autofahrten die Zeit zu vertreiben.
Verwende die Stichworte und Ideen auf dieser Doppelseite.

Du könntest behaupten, dass du einmal 1000 Tage in der Wildnis verbracht hast. Spinne deine Geschichte
weiter und folge dabei den Fragen am Wegrand. Wähle eine der Antworten oder denke dir selbst eine aus.

ZUERST ...

**WIE BIST DU
IN DER WILDNIS
GELANDET?**

Dein Hund ist weggelaufen und
du bist ihm hinterhergerannt.

Du hast eine alte Landkarte
ausgebreitet und warst plötzlich
in einem verwunschenen Wald.

**WELCHEN WESEN
BIST DU BEGEGNET?
WIE WAREN SIE?**

knuddelig

gesprächig

giftig

WAS HAST DU GETAN?

Schnecken
gegessen

Feinde
bekämpft

auf dem Rücken
eines großen
Adlers den Himmel
erkundet

optimale Tarnung
gelernt

**WIE IST
DAS ABENTEUER
AUSGEGANGEN?**

Es ist noch nicht
zu Ende. Heute Nacht musst
du zurück in die Wildnis.

Du wurdest von Jägern
aufgegriffen und musstest
erst einmal in die Badewanne.

Du hast deinen Weg zurück
nach Hause gefunden, aber immer bei Voll-
mond heulst du noch nachts den Mond an.

Du glaubst nicht, was ich gesehen habe ...

Manche Menschen, die aus der Wildnis zurück-
gekehrt sind, berichten von seltsamen Wesen.
Dazu gehören:

der Skvader
halb Hase,
halb Auerhuhn,
aus Schweden

die Elwetritsch
hühnerähnliches
Wesen mit
Geweih und langem
Schnabel, aus
Südwestdeutschland

der Sasquatch
riesiges haariges
Affenwesen, aus den USA

Jetzt denke dir deine eigenen Fantasiewesen
aus und erzähle sagenhafte Geschichten über sie.
Wie wäre es mit ...

 ... einem
Frosch mit
winzigen
Flügeln?

 ... einer
Giraffe mit
buschigen
Hufen?

 ... einem
großmäuligen
Warzenschwein
mit einem
einzelnen Horn?

Rate mal, was ich getan habe ...

Lügenbarone geben gern mit unmöglichen Taten
an. Zum Beispiel, dass sie einen Fisch gefangen
hätten, der so groß wie ein Boot war.

Denke dir lächerliche Dinge aus,
mit denen du angeben könntest.
Hier sind einige Ideen:

Ich habe so viele
Spaghetti gegessen,
dass sie mir aus
den Ohren kamen.

Ich habe meine Haare so
lange nicht gebürstet,
dass sich Vögel ein Nest
darin bauten.

Ich habe einen Fußball
bis zum Mond geschossen
und wieder zurück.

Eine alte Sage

Vor den Lügengeschichten gab es legenden oder
Sagen. Einer alten römischen Sage zufolge trug ein
Wolf entscheidend zur Gründung der Stadt Rom bei.

Vor langer Zeit fand eine Wölfin ein kleines
Zwillingspaar in einem Weidenkorb, der auf dem
Fluss trieb. Sie säugte die Jungen, bis sie groß genug
waren, um für sich selbst zu sorgen. Sie hießen
Romulus und Remus.

Jahre später wollten die Brüder an der Stelle, wo
die Wölfin sie gefunden hatte, eine Stadt gründen.
Sie gerieten darüber in einen heftigen Streit.

Hier war es,
Romulus!

Nein, es war hier, Remus!

Romulus siegte und
baute die große Stadt.

Aauuuuu!

SEI LAUT

Hebe dir deine lauteste Stimme stets für draußen auf. Suche dir einen Ort, wo du niemanden störst, und dann mache so viel Krach, wie du magst.

Probiere alle möglichen Laute

Kannst du diese Buchstabenkombinationen aussprechen?

BREKEKEKEX

KO-AX

KO-AX

QVOOO

PAUAUOO

TRRR - **TRRR**

Rrrrrolle das R bei diesem Laut.

BPPP - BPPP

TSCHA-TSCHA-TSCHA

DING -A- **DONG** -U- **DENG**

SCHIMMISCHACK

Denke dir eigene Laute aus und versuche, sie aufzuschreiben.

Nutze auch verschiedene Stimmlagen.

Halte eine Rede

Ein altgriechischer Politiker namens Demosthenes trainierte seine Stimme in der freien Natur und wurde dadurch ein besserer Redner.

Um seine Stimme zu stärken, versuchte er, die tosenden Wellen an der Küste zu übertönen oder Gedichte im Laufen zu rezitieren.

Nicht alles Große ist gut, aber alles Gute ist groß!

Dieses Zitat von Demosthenes ist aus dem Griechischen übersetzt. Sage es an der See oder einem anderen lauten Ort mit voller Stimme.

JAGE DEIN ECHO

Wenn du durch einen Tunnel oder durch ein Tal gehst, rufe laut deinen Namen!

PRIYA!

Vielleicht hörst du dein eigenes Echo, da der Schall meist von den Wänden des Tunnels oder den Hängen des Tals widerhallt.

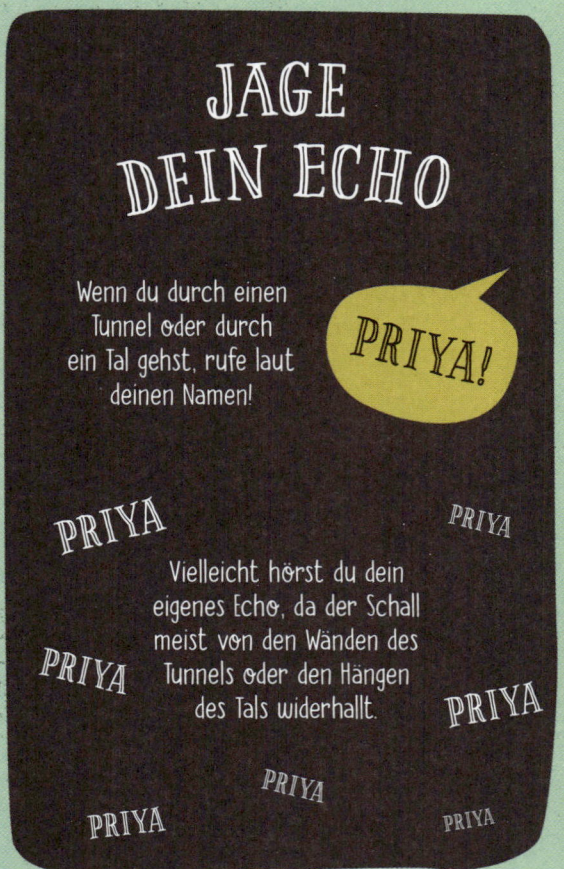

Miau-Wuff

Jeder Spieler überlegt sich ein Tiergeräusch und alle machen es reihum vor, sodass die anderen es hören. Jeder muss vor Spielbeginn wissen, wie die anderen Tiere klingen.

Der erste Spieler fängt an und macht zuerst sein eigenes Geräusch und dann das eines Mitspielers.

Dieser Spieler wiederholt den Vorgang und so geht es reihum weiter.

Spielt so lange, bis ein Mitspieler einen fehler macht.

Aauuuuu!

Du könntest zum Beispiel ein Wolf sein.

Fangen und rufen!

Für dieses Spiel braucht ihr einen Ball. Wählt dann eine Kategorie aus, zum Beispiel Vögel, Pflanzen oder Orte.

Stellt euch im Kreis auf und werft euch den Ball in beliebiger Reihenfolge zu.

Wer den Ball fängt, muss einen Begriff rufen, der in die ausgewählte Kategorie passt.

Wem kein Wort einfällt, wer ein Wort zum zweiten Mal nennt oder wer den Ball nicht fängt, scheidet aus.

WALDKAUZ

AMSEL

TAUBE

Hatschi wer?

Entscheidet vor Spielbeginn, wer raten muss. Derjenige versteckt sich hinter einem Baum oder legt sich bäuchlings auf den Boden.

Die anderen Spieler sagen jetzt in beliebiger Reihenfolge und mit verstellter Stimme „Hatschi".

Niest so lange, bis der Ratende die Stimmen aller Mitspieler erkannt hat.

HATSCHIII!

Niese mit vorgehaltener Hand, mit hoher oder ganz tiefer Stimme oder mit zusammengebissenen Zähnen.

HA-HA-TSCHI!

HAAATSCHI!

SPIELE FANGEN

Es gibt viele verschiedene Arten, Fangen zu spielen. Auf dieser Seite findest du einige, für die du mindestens DREI Freunde brauchst. Wählt vor jedem Spiel einen von euch aus, der der Fänger ist.

Menschenkette

Wer gefangen wird, ergreift die Hand des Fängers, um eine Kette zu bilden. Alle in der Kette versuchen, die restlichen Spieler zu fangen. Wer als letzter übrig ist, hat gewonnen.

Pflasterfangen

Alle Spieler können fangen oder gefangen werden. Wer gefangen wird, hält eine Hand als „Pflaster" auf die Stelle, wo er berührt wurde. Wenn du noch einmal gefangen wirst, hältst du die andere Hand als Pflaster auf die neue Stelle. Wenn du zum dritten Mal gefangen wirst, musst du ins „Krankenhaus": lege dich auf den Boden, zähle bis zehn und spiele dann weiter.

Klassisches Fangen

Alle Mitspieler rennen herum. Der Fänger versucht, sie zu fangen. Wer gefangen wird, ist der neue Fänger und das Spiel geht weiter.

Schmelzfangen

Wenn der Fänger dich gefangen hat, lässt du deinen Oberkörper langsam nach unten sinken, als würdest du schmelzen. Berührt dich ein anderer Spieler, bevor du bis zum Boden sinkst, bist du frei. Ansonsten bist du der nächste Fänger.

Hüftfangen

Um Spieler zu fangen, musst du sie bei diesem Spiel seitlich mit der Hüfte anstoßen.

Schattenfangen

Spiele dieses Spiel bei Sonnenschein. Der Fänger fängt die anderen Spieler, indem er auf ihren Schatten tritt. Wenn er deinen Schatten erwischt, musst du regungslos stehen bleiben, bis ein anderer Spieler auf deinen Schatten tritt und dich so befreit.

Krabbelfangen

Wenn du gefangen wirst, musst du breitbeinig stehen bleiben. Du kannst nur befreit werden, wenn ein anderer Spieler zwischen deinen Beinen hindurchkrabbelt. Wer zuletzt übrig ist, hat gewonnen.

Artenfangen

Wählt zunächst eine bestimmte Kategorie aus, zum Beispiel „Meerestiere". Wenn du gefangen wirst, musst du den Namen eines Meerestieres ausrufen, ehe du weiterlaufen darfst. Ein bereits genanntes Wort darf nicht noch einmal verwendet werden. Das Spiel ist zu Ende, wenn alle Spieler auf der Stelle stehen und keinem mehr ein passendes Wort einfällt.

Fallen dir weitere Versionen von Fangen ein? Denke dir neue Regeln aus.

Hickelkasten

Dieses Spiel kannst du allein oder reihum mit Freunden spielen. Wenn du auf eine Linie trittst, stolperst oder den falschen Fuß absetzt, musst du von vorn anfangen.

1

Male zunächst mit Kreide das Muster rechts auf den Boden. Lege dann den Wurfstein in Feld 1.

2

Überspringe jetzt Feld 1 und lande mit dem linken Fuß in Feld 2 und mit dem rechten in Feld 3.

3

Hüpfe mit beiden Füßen in Feld 4, dann mit dem linken Fuß in Feld 5 und dem rechten in Feld 6. Springe mit beiden Füßen in Feld 7, mit dem linken in Feld 8 und dann mit dem rechten in Feld 9.

4

Hüpfe in Feld 10, hüpfe eine halbe Drehung und dann zurück. Halte bei den Feldern 2 und 3 an und hebe den Stein auf. Hüpfe in Feld 1 und dann aus dem Muster hinaus.

5

Wirf den Stein beim nächsten Durchgang in Feld 2 und hüpfe durch das Muster. Überspringe nun Feld 2. Hüpfe bis zum Ende und zurück. Halte diesmal bei Feld 3 an, um den Stein aufzuheben.

6

Wirf den Stein nacheinander in jedes Feld. Überspringe immer das Feld mit dem Stein und sammele ihn auf dem Rückweg wieder ein.

```
        10
     8      9
     5   7   6
         4
     2      3
        1
```

Menschlicher Knoten

Probiere dieses Spiel mit mehreren Freunden.

Stellt euch Schulter an Schulter in einem Kreis auf. Streckt nun alle gleichzeitig eure rechte Hand aus und greift die rechte Hand irgendeines Mitspielers. Macht das gleiche mit eurer linken Hand. Eure Arme sind nun schön verknotet.

Wie schnell könnt ihr eure Arme entknoten, sodass ihr mit ausgestreckten Armen wieder in einem Kreis steht? Ihr könnt eure Arme und euren Körper beliebig bewegen, verdrehen, winden und beugen, dürft aber dabei eure Hände nicht loslassen.

Warm und kalt

Wählt einen kleinen Gegenstand aus, zum Beispiel eine Münze oder einen Stein, und bestimmt dann einen Sucher.

1

Der Sucher hält sich die Augen zu, während ein Mitspieler den Gegenstand versteckt.

2

Der Sucher muss jetzt den Gegenstand finden. Alle anderen rufen „warm" oder „kalt", um ihm zu sagen, wie nah oder weit weg der Gegenstand ist.

3

Ruft so lange, bis der Sucher den Gegenstand gefunden hat.

Wenn sich der Sucher vom Gegenstand entfernt ...

Kalt! Sehr kalt! Eiskalt!

Wenn sich der Sucher dem Gegenstand nähert ...

Warm! Wärmer! Siedend heiß!

51

Bereite ein Picknick vor

Probiere diese Rezepte für ein Picknick
im Garten oder Park.

ROSA LIMONADE

- ★ zwei Zitronen
- ★ etwas warmes Wasser
- ★ 50 g Himbeeren
- ★ 100 g feinkörniger Zucker
- ★ 1 l Sprudelwasser

Presse den Zitronensaft in einen großen Krug.

Löse den Zucker mit dem warmen Wasser in einer Schüssel auf. Füge die Himbeeren hinzu und zerdrücke sie mit einer Gabel. Vermische den Inhalt der Schüssel mit dem Zitronensaft.

Gieße das Sprudelwasser dazu und rühre alles gut um.

KICHERERBSEN-DIP

- ★ ein Dose Kichererbsen, abgetropft
- ★ drei Esslöffel Naturjoghurt
- ★ Saft einer halben Zitrone
- ★ ein Esslöffel Olivenöl
- ★ eine Prise Salz, Pfeffer und Kreuzkümmel

Mixe alle Zutaten in einem Küchenmixer zu einer glatten Creme.

Oder:

Zerdrücke die kichererbsen mit einer Gabel oder einem Kartoffelstampfer in einer Schüssel. Gib die anderen Zutaten dazu und mische alles gut durch.

Garniere den Dip mit einigen zerhackten Blättern Minze.

Iss den Dip mit Möhren-, Paprika- und Gurkensticks oder mit Fladenbrot.

WÜRZIG-SÜSSE WÜRSTCHEN

- ★ eine Packung Bratwürstchen
- ★ ein Esslöffel groben Senf
- ★ ein Esslöffel Honig
- ★ eine Prise Salz und Pfeffer

Lege die Würstchen auf ein Backblech mit Alufolie.

Mische Senf, Honig, Salz und Pfeffer in einer Schüssel und gieße die Mischung über die Würstchen.

Schüttele das Blech hin und her, sodass die Würstchen überall mit der Mischung bedeckt sind.

Brate die Würstchen im heißen Ofen nach den Anweisungen auf der Packung.

Lasse sie abkühlen.

SELLERIEBOOTE

- ★ Stangensellerie, gewaschen
- ★ eine halbe Packung Frischkäse
- ★ ein Spritzer Tomatenketchup
- ★ eine Prise Salz und Pfeffer

Schneide den Stangensellerie in fingerlange Stücke.

Verrühre alle anderen Zutaten zu einer Creme.

Fülle die Creme mit einem kleinen Löffel in die Sellerieboote.

Du könntest die Boote mit gehackten Zwiebeln oder Gewürzgürkchen garnieren.

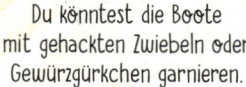

NUDEL-PESTO-SALAT

- ★ 250 g Nudeln, nach den Anweisungen auf der Packung gekocht
- ★ zwei Esslöffel Pesto
- ★ eine Kugel Mozzarella, in Stücke gerissen
- ★ eine Handvoll Kirschtomaten, halbiert

Mische das Pesto unter die gekochten Nudeln und lasse sie abkühlen.

Hebe den Mozzarella und die halbierten Tomaten kurz vor dem Servieren unter.

KEKS-SANDWICHES

- ★ eine halbe Packung Frischkäse
- ★ ein Esslöffel Erdnussbutter oder Nuss-Nugat-Creme
- ★ eine Packung Kekse deiner Wahl

Verrühre mit einer Gabel Frischkäse und Erdnussbutter oder Nuss-Nugat-Creme in einer Schüssel zu einer Creme.

Setze einen Klecks Creme auf einen Keks und lege einen anderen Keks darüber.

Packe alles, was du für dein Picknick brauchst, in einen Korb oder in eine große Tasche. Räume hinterher alles wieder auf und lasse keinen Abfall zurück.

ENTDECKE DIE VERRÜCKTE NATUR

In der Natur findest du außergewöhnliche Tiere, Pflanzen und Mineralien. Aber hast du schon mal etwas derart Merkwürdiges gesehen?

PFLANZE

NAME: DURIAN
VERBREITUNG: IN UND UM THAILAND, INDONESIEN UND MALAYSIA

Die Frucht dieses Baumes hat eine stachelige Schale.

Sie kann größer als ein Rugbyball werden.

Das Fruchtfleisch ist cremig wie Vanillepudding und schmeckt nach Banane, Vanille und Mandeln ... mit einem Hauch von Zwiebel.

Für manche Menschen riecht die Frucht süß und aromatisch, aber für die meisten stinkt sie nach verfaulten Zwiebeln und Abwasser.

An manchen öffentlichen Orten in Südostasien ist der Verzehr der Frucht verboten, weil sie so stinkt.

Fallen dir fünf Lebensmittel ein, die du am liebsten verbieten würdest?

rohe Zwiebeln

Senf

Blauschimmelkäse

Kaffeetorte

Orangenmarmelade

TIER

NAME: SCHNABELTIER
VERBREITUNG: AUSTRALIEN

Dieses Tier hat einen Schnabel wie eine Ente.

Schwimmhäute zwischen den Zehen.

ein flacher Schwanz wie ein Biber

Männchen haben je einen Gift-sporn am Knöchel der Hinterbeine.

Weibliche Schnabeltiere legen Eier wie Reptilien. Aber wenn die Jung-tiere schlüpfen, säugt ihre Mutter sie mit Milch wie ein Säugetier.

Als britische Wissenschaftler im späten 18. Jahrhundert zum ersten Mal ein Schnabeltier unter-suchten, trauten sie ihren Augen kaum.

Sie glaubten, jemand hätte einen Entenschnabel an ein biberähnliches Tier genäht.

ENTWIRF DEIN EIGENES SELTSAMES TIER

Reiße ein Stück Papier in ungefähr 20 kleine Streifen. Schreibe auf jeden Streifen einen Körperteil eines Tieres.

Tue alle Streifen in einen Hut und schüttele sie gut durch.

Ziehe vier Streifen und male ein Tier mit diesen vier Körperteilen.

Male weitere Tiere, bis keine Wörter mehr im Hut sind.

GEWEIH

SCHNABEL

FLÜGEL

HUFE

MINERAL

NAME: ZINNOBER
VERBREITUNG: WELTWEIT,
BESONDERS IN VULKANREICHEN GEGENDEN

Viele Jahrhunderte lang nutzten Künstler Zinnober für Lackschnitzereien oder Ornamente. Oder sie zermahlten es zu einem roten Farbpigment.

Das war eine gefährliche Arbeit. Zinnoberstaub ist giftig, wenn man ihn einatmet oder schluckt.

TIER, PFLANZE ODER MINERAL?

Spiele dieses Spiel mit mehreren.

1 Ein Spieler überlegt sich im Stillen ein Tier, eine Pflanze oder ein Mineral. (Mineral ist in diesem Spiel alles, was nicht lebendig ist.)

2 Die anderen Spieler fragen, zu welcher Gruppe das gesuchte Objekt gehört.

3 Der erste Spieler sagt es ihnen.

4 Die anderen Spieler stellen jetzt weitere Fragen, bis sie es erraten, was sich der erste Spieler überlegt hat.

5 Der erste Spieler darf nur mit „Ja" oder „Nein" antworten.

Könnt ihr mit insgesamt zehn Fragen die richtige Antwort erraten?

Tier, Pflanze oder Mineral?

Ist es größer als ein Mensch?

Hat es einen Rüssel?

Elefant?

Elefant

Tier

Ja

Ja

Ja

SPIELE EIN WANDERSPIEL

Für dieses Spiel braucht jeder Mitspieler eine kleine Münze als Spielfigur. Außerdem brauchst du einen stumpfen Bleistift und eine Büroklammer.

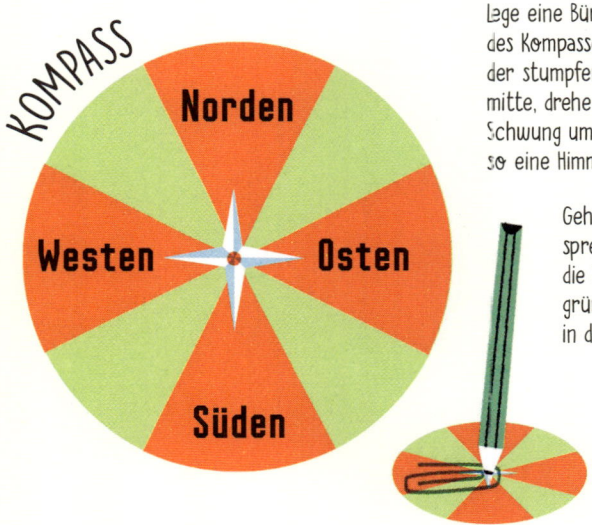

KOMPASS

Lege eine Büroklammer auf die Mitte des Kompasses. Stelle den Bleistift mit der stumpfen Mine auf die Kompassmitte, drehe die Büroklammer mit Schwung um die Mine und ermittele so eine Himmelsrichtung.

Gehe jetzt ein Feld in die entsprechende Richtung. Landet die Büroklammer auf einem grünen Abschnitt, ziehe ein Feld in die Richtung deiner Wahl.

Wenn du vom Spielfeld „fällst", ziehe zu deinem vorherigen Quadrat zurück und warte, bis du wieder an der Reihe bist.

Du kannst dieses Spiel auch mit einem Würfel spielen.
Ziehe jeweils ein Quadrat in die angegebene Richtung.

1 = Norden	3 = Osten	5 = Richtung deiner Wahl
2 = Richtung deiner Wahl	4 = Süden	6 = Westen

Ziehe 1 Quadrat nach Süden, um einem brummigen Bären zu entkommen.

KLOHÄUSCHEN

Ein Hubschrauber fliegt dich 2 Quadrate nach Norden und 2 Quadrate nach Osten.

Du glaubst, eine Abkürzung gefunden zu haben. Drehe oder würfele noch einmal.

Hilfe, du hast dich verlaufen! Ziehe 1 Quadrat nach Westen, um noch einmal auf die Karte zu schauen.

Ein köstliches Campingplatz-Picknick hat dich mit Energie versorgt. Ziehe 2 Quadrate nach Osten.

SUPERMARKT

Du hilfst einem Radfahrer beim Reifenflicken. Zum Dank nimmt er dich 1 Quadrat nach Norden und 2 Quadrate nach Osten mit.

Start
Wer zuerst auf Westen landet oder eine 6 würfelt, fängt an.

Autsch, du hast eine Blase am Fuß. Setze eine Runde aus.

Du hast einen unterirdischen Tunnel entdeckt. Ziehe auf ein blaues Quadrat deiner Wahl.

Ein Kanu nimmt dich mit. Ziehe 4 Quadrate nach Osten.

Deine Schnürsenkel haben sich gelöst. Setze eine Runde aus und knote sie wieder zu.

Ab hier geht es bergab. Ziehe 2 Quadrate nach Süden.

Vorsicht, hungrige Wölfe! Laufe 2 Quadrate nach Süden.

Du bist in einem unterirdischen Tunnel gelandet. Ziehe zu einem blauen Quadrat deiner Wahl.

Ziel
Glückwunsch – du hast gewonnen!

Ziehe 1 Quadrat nach Süden, um diesen Berg zu umgehen.

Deine landkarte war verkehrt herum. Gehe zurück zum Start.

Du musst deine Beine ausruhen. Setze eine Runde aus.

Du hast gut geschlafen und wachst erholt auf. Ziehe 1 Quadrat nach Norden.

Vorsicht, ein Sumpf! Ziehe 1 Quadrat nach Norden, um wieder trockenes Land zu finden.

Das Wetter ist ideal zum Wandern. Drehe oder würfele noch einmal.

Ein starker Wind bläst dein Zelt weg. laufe 2 Quadrate nach Süden, um es einzufangen.

Wildpferde zeigen dir eine Abkürzung. Ziehe 3 Quadrate nach Norden.

So ein Pech! Ameisen haben deinen Proviant aufgefressen. Ziehe 3 Quadrate nach Westen, um Nachschub zu kaufen.

Die Natur ruft. Ziehe direkt zum Klohäuschen. Schnell!

Setze eine Runde aus und füttere die Enten.

Nimm einen Zug und reise 2 Quadrate nach Osten und 4 Quadrate nach Norden.

Jetzt ... ... entwirf dein eigenes Spielbrett für einen anderen Ort. Vielleicht eine Wüste oder einen Dschungel? Zeichne ein Raster und schreibe dann nach den Ideen oben deine eigenen Anweisungen.

LIEBE DAS LAUB

Wenn die Blätter im Herbst von den Bäumen fallen und den Boden mit einem bunten Teppich bedecken, kannst du dir mit diesen Aktivitäten prima die Zeit vertreiben.

BLÄTTERKONFETTI

Sammele einen ganzen Arm voller Blätter auf und wirf sie hoch in die Luft. Bitte jemanden, ein foto von dir im Blätterregen zu machen.

FANG MICH!

An einem windigen Tag fliegen im Park oder im Wald viele Blätter durch die Luft. Fange so viele, wie du kannst, bevor sie auf dem Boden landen.

VERLAUFENDE FARBEN

Suche nach unterschiedlich gefärbten Blättern. Ordne sie wie einen Regenbogen an, von Dunkelrot über Orange und Gelb bis hin zu Grün.

LAUBSTRAUSS

Mache aus verschiedenen Blättern einen bunten Strauß und binde die Stiele mit einem Stück Bindfaden zusammen.

Würmer und andere Lebewesen, die Blätter und andere tote Teile von Pflanzen oder Tieren fressen, heißen Saprophage.

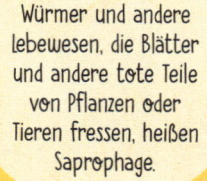

FINDE DREI!

Wer findet als Erstes drei Blätter, die die gleiche form und Farbe haben?

WENN DU WIEDER DRINNEN BIST ...
MACHE EINEN BLÄTTERDRUCK

1

Lege einige Herbstblätter auf ein Stück Zeitungspapier. Pinsele Farbe auf die Seite der Blätter, die sich rauer anfühlt.

2

Drücke die bemalte Seite der Blätter auf Papier und ziehe sie vorsichtig ab. Jetzt siehst du einen Abdruck der Blätter.

PRESSE BLÄTTER

1

Lege Herbstblätter zwischen zwei Buchseiten.

2

Klappe das Buch vorsichtig zu und stapele schwere Bücher darauf. Warte ungefähr eine Woche. Die Blätter müssten jetzt flach und trocken sein.

3

Mit weißem Bastelkleber kannst du die Blätter lackieren, damit sie länger halten. Bestreiche eine Seite des Blattes mit Klebstoff. Lasse sie gut trocknen, bevor du die andere Seite bestreichst.

MACHE EIN LAUBBILD

Ordne die gepressten Blätter auf einem Stück Papier zu Bildern oder Mustern an. Sobald du mit deinem Bild zufrieden bist, klebe die Bilder in dieser Anordnung fest.

Stanze mit einem Locher kleine Augen in die Blätter.

FINDE TAG- UND NACHTFALTER

Halte in den Sommermonaten Ausschau nach Schmetterlingen, die von Blüte zu Blüte flattern. Hier sind einige Arten, die du vielleicht entdeckst, und die Blüten, die sie gern besuchen.

Klatschmohn

Baumweißling

Ringelblume

Geißblatt

Löwenzahn

Kosmee

Taubenschwänzchen haben ein Haarbüschel am Hinterleib, das wie ein Taubenschwanz aussieht.

Schwalbenschwänze haben kleine „Schwänzchen" an den Hinterflügeln.

ERÖFFNE EIN SCHMETTERLINGSRESTAURANT

Im Sommer kannst du Schmetterlinge mit einem Obstteller anlocken. Nimm am besten Früchte, die überreif sind.

Schneide die Früchte in kleine Stücke und lege sie auf einen Teller mit etwas Wasser.

Gemeiner Bläuling

Oberseite und Unterseite der Flügel können ganz unterschiedlich aussehen.

Monarchfalter

Admiral

Jedes Jahr wandern Millionen von Monarchfaltern von Kanada und den USA nach Mexiko und wieder zurück.

LOCKE NACHTFALTER MIT LICHT AN

Viele Falterarten sind nachtaktiv. Locke sie mit einer hellen Lampe und einem alten weißen Bettlaken an.

Wenn du einen Garten hast, hänge das Laken abends über einen Zaun oder eine Wäscheleine. Richte eine Lampe auf den Stoff und warte ab. Da Nachtfalter vom Licht angezogen werden, landen sicher bald einige auf dem hellen Laken.

Brauner Bär

Roseneule

Wurzelbohrer

Wenn du wieder drinnen bist ...

Bastele Papierschmetterlinge

1 Falte zwei Stücke buntes Papier in der Mitte. Zeichne jeweils eine Flügelhälfte von der Mitte aus wie abgebildet. Dann schneide sie aus.

2 Zeichne Linien und Muster auf beide Flügelhälften.

Tagfalter oder Nachtfalter?

Unterscheide mit diesen Fragen einen Nachtfalter, auch Motte genannt, von einem Tagfalter.

START

Hat er ein buntes Muster?

→ JA → **Hält er seine Flügel geschlossen und nach oben gereckt?** → JA → **Hat er einen schlanken, unbehaarten Körper?**

→ NEIN → **Hat er einen plumpen, behaarten Körper?**

NEIN (von "Hält er seine Flügel...") → **Fliegt er tagsüber umher?**

NEIN (von "Hat er einen schlanken...") → **Fliegt er tagsüber umher?**

Fliegt er in der Dämmerung oder nach Einbruch der Dunkelheit?

Sind seine Fühler fadenförmig oder gefiedert? — JA

Hat er Flügel? — NEIN → JA / NEIN

Diese Pflanze heißt Sommerflieder. Sie ist so beliebt bei Schmetterlingen, dass sie auch Schmetterlingsflieder genannt wird.

WOHL EHER EIN TAGFALTER

WOHL EHER EIN NACHTFALTER

IST ES EINE RAUPE?

Sowohl Tagfalter als auch Nachtfalter schlüpfen zunächst als Raupen aus Eiern.

Nachtfalterraupen entwickeln sich in einem Kokon, den sie aus Seidenfäden spinnen, zu einem Schmetterling.

Tagfalterraupen entwickeln sich in einer harten Puppe zu einem Schmetterling.

3 Klebe den oberen Flügel mit Klebstoff auf den unteren, sodass sie ein wenig übereinanderliegen.

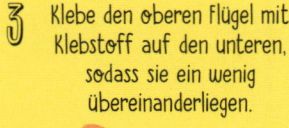

4 Rolle für den Körper ein Stück Papier zu einer spitzen Röhre und umwickele sie mit Klebefilm. Klebe den Körper an die Flügel.

5 Schneide zwei dünne Fühler aus schwarzem Papier aus und klebe sie vorn an den Körper.

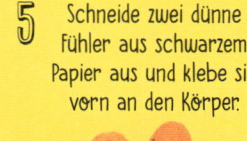

SCHAFFE FREILUFTKUNST

Lasse dich von Mutter Natur inspirieren und schaffe wilde und wundervolle Kunstwerke.

Regenmalerei

Male an einem regnerischen Tag verschiedene Schnörkel, Punkte und Farbkleckse auf ein Stück Papier.

Nimm das Papier, bevor die Farbe trocknet, mit nach draußen und halte es in den Regen.

Beobachte, wie die Regentropfen die Farbe verwässern und dein Bild verändern.

Wenn du mit deinem Kunstwerk zufrieden bist, bringe es nach drinnen und lasse es trocknen.

Verblassende Bilder

Male mit einem Pinsel und Wasser Bilder auf eine Betonfläche.

Die Bilder werden vor allem an warmen Tagen schnell verblassen.

Du könntest ...

... schnelle Skizzen von Passanten malen.

... kleine Strichmännchen zeichnen.

... Abdrücke von fingern und Händen machen.

Mache fotos von deinen besten Bildern, bevor sie trocknen.

Sandköpfe

Wenn du am Strand bist, forme Sandberge zu Gesichtern.

Drücke zwei Kieselsteine als Augen hinein.

Mache aus Seegras oder Tang eine schicke frisur.

Ich liebe deine Muschelohrringe!

Nimm kleine Zweige für die Augenbrauen.

Nimm eine Muschel als Mund oder ziehe eine Linie mit dem finger.

Schreibe mit einem Stock deinen Namen neben dein Werk.

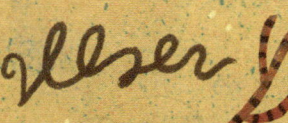

GEHE ANGELN

Für dieses Spiel brauchst du zwei bis vier Spieler. Bastele eine Angelrute sowie einige Papierfische (siehe unten) und dann fischt um die Wette!

1. Bastele eine Angelrute

DU BRAUCHST:

einen Kühlschrankmagnet

ein langes Stück Schnur

einen Stock

ein Stück Papier

12 Büroklammern

Stifte

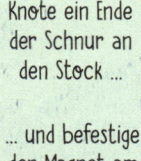

Knote ein Ende der Schnur an den Stock ...

... und befestige den Magnet am anderen Ende.

2. Mache Papierfische

Zeichne zehn Fische und zwei Quallen auf das Papier.

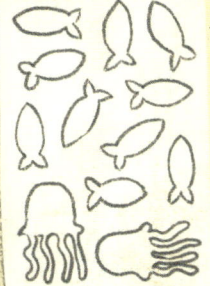

Male Augen, Schuppen und Muster und schneide die Formen aus.

Schreibe eine Punktzahl von eins bis fünf auf die Rückseite der Fische. Quallen zählen minus drei Punkte.

−3

5

Befestige je eine Büroklammer am Kopf der Meerestiere.

3. Gehe angeln

Lege die Fische hinter einem Stuhl auf den Boden. Die Seite mit den Punktzahlen sollte nach unten zeigen.

Setzt euch abwechselnd auf den Stuhl und fischt mit der magnetischen Angel über eure Schulter. Ihr dürft nicht nach hinten schauen. Bewegt die Angel hin und her, bis etwas „anbeißt".

Bei jedem Durchgang dürft ihr nur einen Fisch behalten. Alle anderen müssen ins „Meer" zurückgeworfen werden.

Wenn alle Tiere gefangen sind, rechnet eure Punkte zusammen. Wer die meisten Punkte hat, gewinnt.

Fisch-Drucke

Bevor es Fotos gab, machten die Fischer in Japan einen Tintenabdruck von ihrem stolzen Fang. Diese Technik hat sich später zu einer Kunstform entwickelt.

Sie nannten diese Technik *gyotaku*, was wörtlich „Fischabdruck" bedeutet.

Die Fischer pinselten Tinte auf den Fisch.

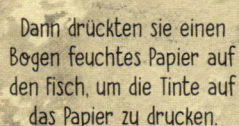

Dann drückten sie einen Bogen feuchtes Papier auf den Fisch, um die Tinte auf das Papier zu drucken.

Sie mussten die Fische vor dem Essen gründlich abwaschen.

TESTE DEIN NATURWISSEN

Finde mit diesem Naturquiz heraus,
wie viel du über die Natur weißt.
Lasse auch deine Freunde mitraten.

1 Wie heißt das Nest eines Adlers?
- a) ein Forst
- b) ein Horst
- c) ein Borst

8 Über den Amazonas führt keine einzige Brücke. Richtig oder falsch?

9 Welcher Name bezeichnet sowohl ein Meerestier als auch eine Blume?
- a) Abalone
- b) Anemone
- c) Amaryllis

2 Warum haben Affenbrotbäume so dicke Stämme?
- a) damit der Wind sie nicht umblasen kann
- b) weil Ameisen ihre Nester darin bauen
- c) um Wasser zu speichern

10 Die Sonne geht im Westen auf und im Osten unter. Richtig oder falsch?

3 Es gibt keinen wissenschaftlichen Unterschied zwischen einem Berg und einem Hügel. Richtig oder falsch?

11 Welches dieser Tiere ist NICHT nachtaktiv?
- a) Feldhamster
- b) Eichhörnchen
- c) Fuchs

4 Leben mehr Menschen oder mehr Kängurus in Australien?

12 Warum wird die Rafflesie auch Aasblume genannt?
- a) weil sie ausgestorben ist
- b) weil sie nach verdorbenem Fleisch riecht
- c) weil ihre Blütenblätter wie Knochen aussehen

5 Ein Tsunami ist eine Art ...
- a) Sturm
- b) Welle
- c) Wind

6 Wann verwendest du einen Webeleinenstek?
- a) beim Graben eines Loches
- b) beim Binden eines Knotens
- c) beim Schneiden von Gras

13 Wie lange können Alpensegler fliegen, ohne Rast zu machen?
- a) 2 Tage
- b) 20 Tage
- c) 200 Tage

14 Wie viel Prozent des weltweiten Süßwasservorkommens ist als Eis in der Antarktis gefroren?
- a) 10 %
- b) 50 %
- c) 70 %

7 Wo findest du am ehesten einen Speläologen bei der Arbeit?
- a) in einer Höhle
- b) in einer Wüste
- c) auf einem Berg

15 Was ist heißer: ein Blitz oder die Oberfläche der Sonne?

16 Warum werden die Federn eines Flamingos mit zunehmendem Alter immer pinker?
a) weil er bestimmte Nahrung aufnimmt
b) weil die Sonne darauf scheint
c) weil er im Matsch badet

17 Welcher Fluss hat im Laufe von Jahrmillionen den Grand Canyon geschaffen?
a) der Mississippi
b) der Charles River
c) der Colorado River

18 Wie nennt man große Eisberge?
a) Tischeisberge
b) Tafeleisberge
c) Tellereisberge

19 Wo leben mehr als 50 % aller bekannten Lebewesen?
a) im Meer   b) im Regenwald   c) in der Wüste

20 Welches Material lässt sich aus Sand herstellen?
a) Glas   b) Kunststoff   c) Terrakotta

21 Fische, die in Flüssen, Seen oder Teichen leben, trinken kein Wasser. Richtig oder falsch?

22 Wie viel kann die als Riesentang bekannte Algenart jeden Tag wachsen?
a) 6 cm   b) 60 cm   c) 6 m

23 Welche Eigenschaft hat das Mineral Magnetit?
a) Es leuchtet im Dunkeln.
b) Es schwimmt im Wasser.
c) Es ist magnetisch.

24 Verwendet man zum Fahren eines Kanus ein Paddel mit einem Blatt oder mit zwei Blättern?

25 Was wird auf der Beaufort-Skala gemessen?
a) die Windstärke   b) die Regenmenge   c) die Temperatur

26 Die Victoriafälle zwischen Sambia und Simbabwe werden auch *Mosi-oa-Tunya* genannt. Was bedeuten diese Wörter?
a) die nässende Gischt
b) der aufsteigende Dampf
c) der donnernde Rauch

27 Wie salzig ist Meerwasser im Durchschnitt?
a) 0,35 % Salz   b) 3,5 % Salz   c) 35 % Salz

28 Welcher ist der hellste Stern am Nachthimmel?
a) Sirius   b) Albus   c) Remus

29 Wie viele Herzen hat ein Krake?
a) eins
b) zwei
c) drei

30 Brennnesseln sind essbar. Richtig oder falsch?

SCHREIBE EIN HAIKU

Haikus sind kurze Gedichte, in denen meist die Natur und die Jahreszeiten beschrieben werden. Sie wurden erstmals vor rund 400 Jahren in Japan verfasst. Hier lernst du, wie du dein eigenes Haiku schreiben kannst, wenn dich die Natur dazu inspiriert.

1

Klatsche im Rhythmus

Traditionelle Haikus bestehen aus drei Zeilen und folgen einem bestimmten Muster. Die erste Zeile hat **fünf** Schläge oder Silben, die zweite **sieben** und die dritte wieder **fünf**.

Präge dir die Grundstruktur eines Haikus ein, indem du die drei Zeilen rechts laut aufsagst. Klatsche für jede Silbe in die Hände.

①②③④⑤
Auf der Bergstraße

①② ③ ④⑤⑥⑦
berührt mein Herz besonders

①②③④⑤
das wilde Veilchen.

von Matsuo Bashō
(1644–1694)

2

Fange den Moment ein

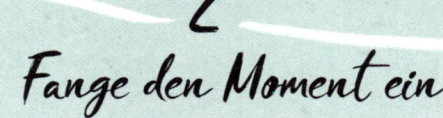

Jetzt finde deine Inspiration. Haikus beschreiben in der Regel kleine Details oder flüchtige Momente. Folge einer der hier genannten Ideen oder suche eine eigene.

ein Nachtfalter, vom Licht der Straßenlaterne angelockt

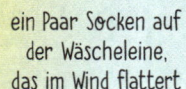

ein Paar Socken auf der Wäscheleine, das im Wind flattert

eine Ameise, die an einem Grashalm hochklettert

Flecken von Sonnenlicht, die unter einem Baum tanzen

ein einzelner Regentropfen, der an der fensterscheibe herunterläuft

3
Wähle deine Worte sorgfältig

Du musst die Silben deiner Wörter genau zählen, und dein Gedicht muss so verfasst sein, als würde das darin Beschriebene gerade eben passieren.

① ② ③ ④ ⑤
Die Lampe erlischt –

① ② ③ ④ ⑤ ⑥ ⑦
im Wohlklang des Winds rascheln

① ② ③ ④ ⑤
leise die Blätter.

von Masaoka Shiki
(1867–1902)

4
Und schließlich ...

Dein Haiku sollte ein *kigo* enthalten, also ein Wort oder eine Wendung, die eine bestimmte Jahreszeit signalisiert. Hier sind einige Beispiele:

Winter-kigos

Kerze   eisiger Wind

Handschuhe Schneemann

Sommer-kigos

Blüte   Eiscreme

Heuernte   hitzefrei

Jetzt bastele dir ein Haiku-Fernrohr

Die Welt da draußen ist so groß, dass es manchmal schwierig ist, eine kleine Sache zu finden, über die du schreiben könntest. Bastele ein Haiku-Fernrohr, mit dem du deinen Blick auf einen kleinen Ausschnitt richten kannst.

1

Rolle ein Blatt Papier zu einer Röhre. Klebe sie mit Klebeband zusammen.

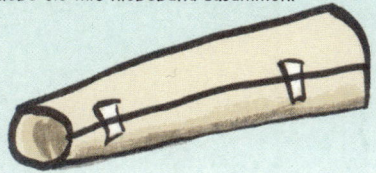

2

Schaue mit einem Auge durch dein fernrohr, um ein Objekt für dein Haiku zu finden.

Aha! Eine Schubkarre voller Blätter!

LEGE STEIN AUF STEIN

Schaffe faszinierende Kunstwerke aus Steinen und Kieseln. Baue die unten abgebildeten Formationen am Strand oder an einem anderen Ort mit vielen Steinen nach. Lege die Steine am Ende wieder dorthin, wo du sie gefunden hast, damit die Natur so unberührt wie möglich bleibt.

STAPEL

Wie viele Steine kannst du aufeinanderstapeln?

BALANCE

Wackel!

Wackel!

lege einen flachen Stein auf einen spitzen und dann kleine Kiesel auf beide Enden der „Waage".

BOGEN

SCHNELLE KUNST

Baue eine Steinskulptur in 60 Sekunden.

Kombiniere die verschiedenen Techniken.

ALTE STEINE

Kummakivi, balancierender Stein, Finnland

Überall auf der Welt gibt es riesige Steine, die sich seit Tausenden von Jahren im Gleichgewicht halten.

Stonehenge, England

Dieser Felsen hat sich seit 8000 Jahren nicht bewegt. Wissenschaftler nehmen an, dass er von einem Gletscher dorthin geschoben wurde, der inzwischen geschmolzen ist.

Menschen errichteten diese Steinanlage vor ungefähr 4500 Jahren.

STRECKE DICH WIE EIN HUND

Hier sind einige Yoga-Stellungen, die nach Tieren oder Pflanzen benannt sind. Yoga enthält viele Übungen, die deine Flexibilität und Fitness verbessern. Schaffst du diese Stellungen?

Suche dir einen Ort, wo du genug Platz für diese Übungen hast. Sie sollen deinen Körper sanft dehnen.

HÖRE SOFORT AUF, WENN ES WEHTUT.

Atme gleichmäßig durch die Nase ein und aus, damit du dich bei deinen Yoga-Übungen total entspannst.

MACHE EINEN BUCKEL WIE EINE KATZE.

Beginne auf allen vieren.

Atme EIN und mache einen runden Rücken.

Atme AUS und lasse deinen Rücken durchhängen.

STRECKE DICH WIE EIN HERABSCHAUENDER HUND.

Beginne auf allen vieren. Stelle die Füße auf und schiebe deinen Po nach oben, sodass dein Körper ein Dreieck bildet.

Spüre die Deeeehnung.

STEHE FEST VERWURZELT WIE EIN BAUM.

Stelle dich aufrecht hin. Ziehe deinen rechten Fuß hoch und lege ihn an die Innenseite deines linken Beines.

Lege deine Handflächen vor der Brust zusammen und führe sie über deinen Kopf wie ein wachsender Baum.

Tipp: Richte deinen Blick auf einen Punkt vor dir, um das Gleichgewicht besser zu halten.

RICHTE DICH AUF WIE EINE KOBRA.

Lege dich auf den Bauch und drücke deinen Oberkörper mit den Händen vom Boden ab.

Erfinde deine eigenen Yoga-Stellungen. Wie sähen wohl die folgenden Posen aus?

KAKTUS

AMEISENBÄR

SKORPION

ZEICHNE KÄFER

Kombiniere verschiedene Körperteile aus den unten abgebildeten Vorschlägen und kreiere deine eigenen Käfer.

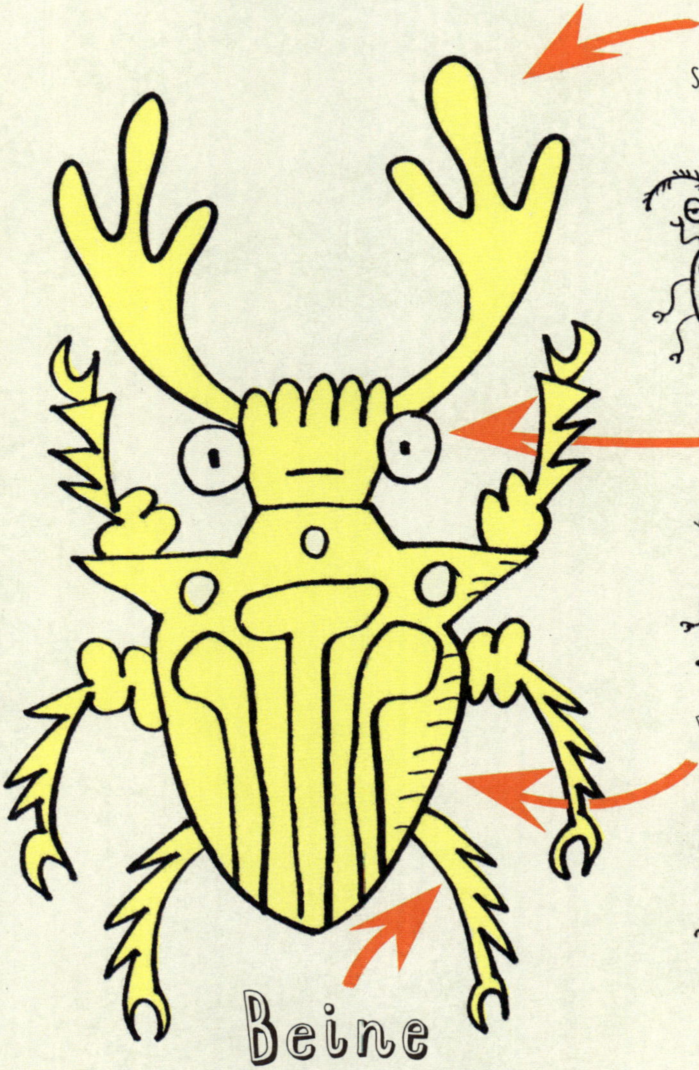

Fühler

Sie können nach vorn oder nach hinten zeigen.

Kopf

Körper

Beine

Käfer haben immer sechs Beine. Sie sind lang, kurz, krumm, stachelig und vieles mehr.

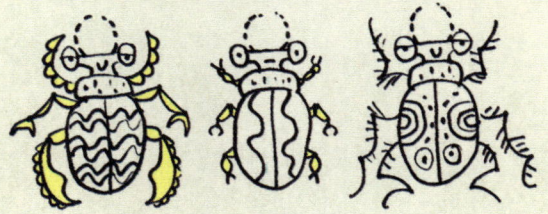

Statt sie zu malen ...

... schneide verschiedene Formen aus alten Zeitschriften oder Zeitungen aus und klebe sie auf einem Blatt Papier zu krabbeligen Käfern.

Gehe hier auf Käferjagd

ANFÄNGER

Finde den Käfer mit den meisten Punkten.

MITTELSTUFE

Finde zwei gleiche Käfer.

FORTGESCHRITTENE

Finde den Käfer mit dem runden Körper, den langen Fühlern und einer geraden Anzahl schwarzer Punkte.

Gehe auch draußen auf Käferjagd

Rund ein Viertel aller Tiere sind Käfer, also dürfte es nicht schwer sein, welche zu finden. Suche unter Steinen und Holzstücken, auf Ästen und Blättern und in hohem Gras. Wie viele verschiedene Arten findest du?

SCHAUE IN DEN NACHTHIMMEL

Auf der ganzen Welt erzählen sich die Menschen seit vielen Jahrhunderten Geschichten über bestimmte Sternbilder und andere Himmelskörper. Hier sind einige dieser Geschichten.

NÖRDLICHE KRONE

Für die Astronomen der griechischen Antike stellte dieses Sternbild eine Krone dar. Sie sahen darin die Krone, die der griechische Gott Dionysos einst seiner Geliebten, Prinzessin Ariadne, schenkte.

KREUZ DES SÜDENS

Der Stamm der australischen Ngarrindjeri sah in diesem Sternbild einen riesigen Stachelrochen, der von zwei Haien über den Himmel gejagt wird.

Dieses Sternbild wird auch Kreuz des Südens genannt, da sein Schwanz immer nach Süden zeigt.

MILCHSTRASSE

Die Milchstraße, unsere Galaxie, sieht man als einen weißlichen Lichtstreifen. Sie besteht aus Abermillionen von Sternen.

PEGASUS

Pegasus, das geflügelte Pferd aus der griechischen Mythologie, ist der Held vieler griechischer Sagen.

Die Khoisan in Südafrika erzählen sich die Geschichte, dass die Nacht früher pechschwarz war. Bis ein Mädchen glühende Kohlen in den Himmel warf und dadurch die Milchstraße entstand.

In einer dieser Geschichten schuf Pegasus durch einen Hufschlag die Quelle Hippokrene. Wer das Wasser dieser Quelle trank, wurde zu einem begnadeten Dichter.

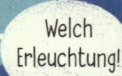

Welch Erleuchtung!

JETZT ERZÄHLE DEINE EIGENEN STERNGESCHICHTEN

Suche an einem wolkenlosen Abend nach Sterngruppen am Himmel.

Überlege, wie sie aussehen, und denke dir dann eine Erklärung dafür aus, wie sie dorthin gekommen sein könnten.

Vielleicht siehst du ...

... das leuchtorgan eines Anglerfisches, der vom Meeresboden in den Nachthimmel geschwommen ist.

... den hellen Bildschirm eines verlorenen Handys.

... Straßenlaternen, die außerirdischen Raumschiffen den Weg leuchten.

WENN DU WIEDER DRINNEN BIST,
LASSE DEINE EIGENEN STERNBILDER LEUCHTEN.

Diese Sternbilder sind alle nach Tieren oder figuren der römischen und griechischen Mythologie benannt.

ADLER

GROSSER HUND

ORION

1 Suche dir eines der Sternbilder auf dieser Doppelseite aus und übertrage die Anordnung der Sterne auf ein Stück Pappe.

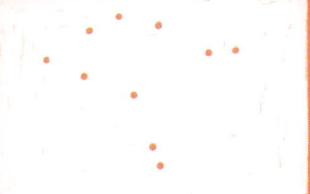

Zeichne für jeden Stern einen Punkt. Lasse einen Rand um deine Zeichnung stehen.

2 Bohre mit der Spitze eines Bleistifts für jeden Stern ein kleines Loch in die Pappe.

3 leuchte mit einer starken Taschenlampe in einem dunklen Zimmer an die Decke. Halte die Pappe so über das Licht, dass das Sternbild an der Decke sichtbar wird.

ÜBERLEBE EINEN REGENTAG

Wenn es draußen Bindfäden regnet, kannst du die niederschlagsbedingte Langeweile mit diesen Tipps abwehren.

1. SCHRITT: KENNE DEINEN GEGNER

Okay, es regnet. Aber mit welcher Art von Regen hast du es zu tun? Bestimme den Regen mit der folgenden Grafik.

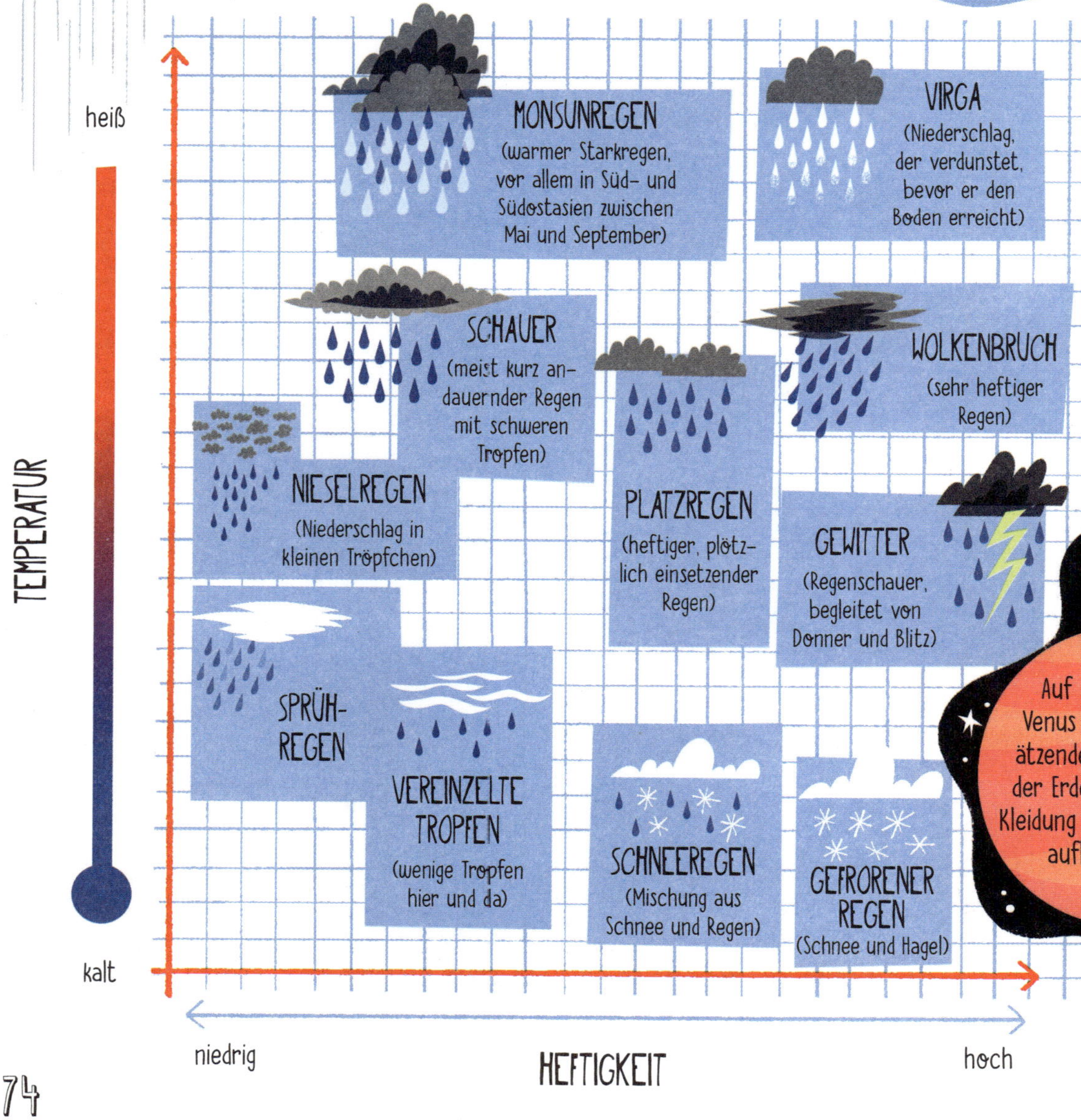

Vom Regen überrascht und keinen Schirm dabei? Die meisten Wissenschaftler sagen, dass du weniger nass wirst, wenn du läufst, statt zu gehen. (Renne bei Wind in die Richtung, in die der Wind bläst.)

TEMPERATUR

heiß

MONSUNREGEN
(warmer Starkregen, vor allem in Süd- und Südostasien zwischen Mai und September)

VIRGA
(Niederschlag, der verdunstet, bevor er den Boden erreicht)

SCHAUER
(meist kurz andauernder Regen mit schweren Tropfen)

WOLKENBRUCH
(sehr heftiger Regen)

NIESELREGEN
(Niederschlag in kleinen Tröpfchen)

PLATZREGEN
(heftiger, plötzlich einsetzender Regen)

GEWITTER
(Regenschauer, begleitet von Donner und Blitz)

SPRÜH-REGEN

VEREINZELTE TROPFEN
(wenige Tropfen hier und da)

SCHNEEREGEN
(Mischung aus Schnee und Regen)

GEFRORENER REGEN
(Schnee und Hagel)

Auf dem Planeten Venus regnet es eine ätzende Säure, die auf der Erde Regenschirme, Kleidung und sogar Steine auflösen würde.

kalt

niedrig   **HEFTIGKEIT**   hoch

2. SCHRITT: BEOBACHTE DIE SITUATION

Bastele einen Regenmesser, mit dem du feststellen kannst, wie viel Regen fällt. Du brauchst eine gerade Plastikflasche, einige Steine, Klebeband und ein Lineal.

1

Entferne den Flaschendeckel und schneide vorsichtig den oberen Teil der Flasche ab. Stecke ihn wie einen Trichter umgedreht in den unteren Teil und klebe ihn fest.

2

Stelle die Flasche nach draußen, wo sie Regen auffangen kann. Lege Steine um die Flasche, damit sie nicht umfällt.

3

Wenn es regnet, miss die Wassertiefe in der Flasche alle 30 Minuten mit einem Lineal.

REGEN-BUCH

Wenn es viele Tage hintereinander regnet, kannst du ein Regentagebuch führen. Schreibe auf, wann der Regen anfängt und aufhört und wie viel Niederschlag fällt.

3. SCHRITT: BESCHÄFTIGE DICH IM REGEN

MACHE EIN WETTRENNEN

Lasse Regentropfen gegeneinander antreten. Suche zwei Tropfen an der Fensterscheibe, die ungefähr auf gleicher Höhe sind. Welcher Tropfen kommt zuerst unten an?

LERNE EIN GEDICHT

Regen und Unmut
Böses Wetter, böses Wetter!
Es entladen sich die Götter,
reinigen ihr Wolkenhaus,
und die Menschen badens aus.

Franz Grillparzer (1791–1872)

SPÜRE DEN RHYTHMUS

Ein regnerischer Tag inspirierte den französischen Komponisten Claude Debussy (1862–1918) zu dem Klavierstück *Jardins sous la pluie* (französisch für „Gärten im Regen").

Höre den Regentropfen zu, wie sie auf verschiedene Oberflächen klopfen, und versuche den Rhythmus auf dem Boden eines Kochtopfes nachzuspielen.

ENTSCHLÜSSELE LATEINISCHE NAMEN

Hast du die Namen *Turdus merula*, *Vulpes vulpes* oder *Helianthus annuus* schon einmal gehört? Nein? Es sind die wissenschaftlichen Namen für Amsel, Fuchs und Sonnenblume. Finde auf dieser Seite mehr über lateinische Namen heraus.

Alle bekannten Lebewesen oder Arten haben einen zweiteiligen wissenschaftlichen Namen. Der schwedische Naturforscher Carl von Linné führte dieses System im Jahr 1753 ein.

Die zwei Wörter, aus denen sich der Name zusammensetzt, stammen in der Regel aus dem lateinischen.

A

B

Wilde Reispflanzen wachsen in seichten Gewässern.

C

D

E

F

Stinktiere spritzen eine stinkende Flüssigkeit aus ihrem Hinterteil, um feinde abzuwehren.

H

Bestimme diese Lebewesen

Finde anhand der Liste von lateinischen Wörtern heraus, welcher wissenschaftliche Name unten auf der Seite zu den jeweiligen Tieren und Pflanzen rechts gehört.

LATEINISCHE WÖRTER

albus – weiß
aquatica – aus dem Wasser
atratus – schwarz
barbatus – bärtig
brevifolia – kurzblättrig
caerulea – blau
glaber – kahl
leucocephalus – weißköpfig
mephitis – Gestank
parviflora – kleinblütig
purpurea – purpurfarben
villosum – haarig

G

I

J

K

L

WISSENSCHAFTLICHE NAMEN

1. *Hieracium villosum*

2. *Erignathus barbatus*

3. *Echinacea purpurea*

4. *Haliaeetus leucocephalus*

5. *Mephitis mephitis*

6. *Malva parviflora*

7. *Cygnus atratus*

8. *Eudocimus albus*

9. *Zizania aquatica*

10. *Yucca brevifolia*

11. *Passiflora caerulea*

12. *Heterocephalus glaber*

Prominente Tiere

Verschiedene Tierarten wurden nach dem berühmten britischen Tierfilmer und Naturforscher David Attenborough benannt. Ihre wissenschaftlichen Namen enthalten die lateinische Version seines Familiennamens *attenboroughi*. Es bedeutet „von Attenborough".

Euptychia attenboroughi
ein Schmetterling

Polioptila attenboroughi
ein Mückenfänger

Zaglossus attenboroughi
ein Ameisenigel

Acisoma attenboroughi
eine Libelle

Platysaurus attenboroughi
eine Echse

Auch diese Tiere wurden nach berühmten Persönlichkeiten benannt.

Aleiodes shakirae
eine Wespenart

Shakira
kolumbianische Sängerin

Scaptia beyonceae
eine Bremsenart

Beyoncé
amerikanische Sängerin

Anelosimus nelsoni
eine Spinnenart

Nelson Mandela
ehemaliger Präsident von Südafrika

Hyloscirtus princecharlesi
eine Froschart

Prinz Charles
Mitglied der britischen Königsfamilie

Benenne eine Tierart nach dir selbst

Denke dir eigene wissenschaftliche Namen für Pflanzen oder Tiere aus, die du in deiner Umgebung siehst. Suche unten den entsprechenden lateinischen Namen und bilde die lateinische Version deines Familiennamens.

Wähle aus der folgenden Liste aus, was du benennen möchtest ...

Arbor (für einen Baum)
Herba (für eine Blätterpflanze)
Cactus (für einen Kaktus)
Canis (für einen Hund)
Felis (für eine Katze)
Rana (für einen Frosch)
Anguis (für eine Schlange)
Musca (für eine Fliege)

Avis (für einen Vogel)
Equus (für ein Pferd)
Bos (für eine Kuh)
Ovis (für ein Schaf)
Mus (für eine Maus)
Apis (für eine Biene)
Vespa (für eine Wespe)
Aranea (für eine Spinne)

Füge dann deinen Nachnamen hinzu: mit einem „i" am Ende, wenn du ein Junge bist, und mit „ae" am Ende, wenn du ein Mädchen bist.

Die lateinische Version des Nachnamens „Baumann" wäre zum Beispiel *baumanni* oder *baumannae*.

Mein wissenschaftlicher Name ist *Canis baumannae!*

SPIELE BALLSPIELE

Für die Spiele auf dieser Doppelseite brauchst du einen kleinen Ball.

Bastele deinen eigenen Ball

Wenn du keinen Ball hast, kannst du dir einen basteln.

Knülle ein Stück Zeitungspapier zusammen und umwickele es fest mit Klebeband ...

... oder falte ein Paar Socken zusammen wie hier abgebildet:

Mauerball

Spielt dieses Spiel vor einer Mauer oder einem Zaun.

1 Ein Spieler ist der Werfer. Er steht einige Schritte von der Mauer entfernt. Alle anderen stellen sich vor die Mauer.

2 Der Werfer zielt mit dem Ball auf die Beine seiner Mitspieler. Sie hüpfen hoch, um dem Ball auszuweichen.

3 Trifft der Ball deine Füße, tauschst du deinen Platz mit dem Werfer.

Markiert das Ende des Mauerabschnitts, vor dem die Spieler sich bewegen dürfen, zum Beispiel mit Taschen.

Schweinchen in der Mitte

Dieses Spiel ist für drei oder mehr Spieler.

1 Wählt ein „Schweinchen" aus. Es steht zwischen den anderen Spielern.

2 Werft euch den Ball so zu, dass das Schweinchen ihn möglichst nicht fangen kann.

3 Fängt es den Ball, tauscht es seinen Platz mit der Person, die den Ball geworfen hat.

Wer hat den Ball?

Spielt dieses Spiel in einer Gruppe. Ein Mitspieler ist der Rater.

1 Der Rater steht mit dem Rücken zu den anderen Spielern und wirft den Ball hinter sich. Ein Mitspieler fängt den Ball oder hebt ihn auf. Alle verstecken jetzt die Hände hinter dem Rücken und rufen: „fertig!"

2 Der Rater muss den Mitspieler finden, der den Ball hat. Die anderen Spieler können versuchen, den Rater zu täuschen.

3 Der Rater rät so lange, bis er den Ball gefunden hat. Wird der Spieler mit dem Ball zuletzt geraten, ist er der nächste Rater.

Ich hab den Ball!

Nein, ich habe ihn.

Die beiden lügen. Ich habe ihn.

Tor-Rollen

Am besten spielt ihr dieses Spiel in einer großen Gruppe.
Alle stehen mit breiten Beinen im Kreis.

1 Die Spieler rollen den Ball mit den Händen durch den Kreis und
möglichst bei einem anderen Spieler durch die Beine. Das zählt als
Tor, und der Spieler, der den Ball gerollt hat, bekommt einen Punkt.

2 Du kannst versuchen, den Ball mit den Händen aufzuhalten,
aber du darfst dich nicht von der Stelle bewegen.
Wenn der Ball durch deine Beine rollt, wird dir ein Punkt
abgezogen und der Ball kommt zurück in die Mitte.

3 Spielt so lange, bis ein Spieler zehn Punkte hat und Sieger ist.

Klatschfangen

Dieses Spiel ist für zwei oder mehr Spieler.
Jeder Spieler hat drei leben.

1 Die Spieler werfen sich den Ball gegenseitig zu und
rufen dabei eine Zahl zwischen 1 und 5. Wenn dir der
Ball zugeworfen wird, musst du vor dem fangen so oft
in die Hände klatschen, wie der Werfer angesagt hat.

2 Gelingt dir das, wirfst du den Ball dem nächsten
Spieler zu. Wenn nicht, verlierst du ein leben.

3 Wer am längsten im Spiel bleibt, hat gewonnen.

Hol den Ball!

Spiele dieses Spiel mit vielen Freunden.
Eine Person ist der Schiedsrichter. Alle anderen
bilden zwei gleich große Teams.

1 Die beiden Teams stehen weit auseinander. Der Schiedsrichter legt den Ball genau in die Mitte auf den Boden.

2 Wenn der Schiedsrichter „los!" ruft, läuft jeweils der
erste Spieler der Teams los, um sich den Ball zu holen.

3 Der Schiedsrichter legt den Ball wieder in die Mitte
und die nächsten beiden Spieler laufen los.

4 Spielt so lange weiter, bis jeder Spieler mindestens
einmal an der Reihe war oder solange ihr lust habt.

5 Das Team, das den Ball am häufigsten zuerst
aufheben konnte, hat gewonnen.

Fußballjonglieren

Du kannst dieses Spiel
allein spielen. Wähle einen Ball,
der gut springt.

1 Halte den Ball in den Händen
und lasse ihn fallen.

2 Kicke den Ball mit dem Fuß oder mit
dem Knie nach oben. Halte den Ball
so lange wie möglich in der luft. Du
kannst ihn auch von deiner Brust
oder deinem Kopf abprallen lassen.

3 Zähle, wie oft du den Ball kicken
kannst, bevor er zu Boden fällt.
Versuche dann, deinen eigenen
Rekord zu schlagen.

FINDE DIE FARBEN

Halte draußen deine Augen offen und suche Dinge, die die gleiche Farbe haben wie die Farbkleckse auf dieser Doppelseite. Liste auf, wann und wo du die Dinge gesehen hast.

Karminrot   Weinrot   Scharlachrot   Zinnoberrot   Ochsenblut   Bordeauxrot

Magenta   Fuchsia   Himbeerrot   Lachsrosa   Im Frühjahr findest du Baumblüten in Rosatönen.   Kirschrot

Korallenrot   Bernsteingelb   Terrakotta   Rostbraun   Ocker   Blutrot

Senfgelb   Safrangelb   Honiggelb   Butterblume   Beige   Limonadengelb

Graublau   Jadegrün   Pistazie   Apfelgrün   Olivgrün   Kaki

Vielleicht siehst du Taubenblau am Halsband eines Hundes.

Achte auch auf solche kleinen Dinge.

 Tauben-blau    Seegrün    Azurblau    Türkis

Ultramarin

Kobaltblau

Dunkelblau

Marineblau

Ist jemand mit einem marineblauen Schirm an dir vorbeigegangen?

Indigo

Violett

Pflaume

Malve

Lavendel

Flieder

Erdbraun

Rostbraun

Hellbraun

Gelbbraun

Kastanienbraun

Mokka

Schneeweiß

Perlweiß

Elfenbein

Creme

Kreideweiß

Steingrau

Denke dir neue Farbnamen aus

Taubengrau

Schiefergrau

Wenn du ein leuchtendes Pink, ein grelles Gelb oder eine andere auffällige Farbe siehst, überlege dir einen passenden Namen dafür.

Benenne die Farben nach Dingen, an die sie dich erinnern.

Eis-hörnchen

Blut-erguss

Dunkelgrau

Tintenschwarz

Flamingo-feder

Makrelen-schuppen

Rabenschwarz

Tiefschwarz

Elefanten-haut

Flammen

FORDERE DICH SELBST HERAUS

Hier sind einige Aufgaben für draußen.
Wie viele davon schaffst du?

BALANCEAKT

Suche einen umgefallenen Baumstamm und
übe dich im Balancieren. Kannst du den Stamm
einmal entlangbalancieren, dich umdrehen
und dann auf einem Bein stehen bleiben?

HOCHSPRUNG

Suche dir einen hohen Ast,
nimm Anlauf und springe.
Erreichst du den Ast?

ZAPFEN WERFEN

Suche einen Tannenzapfen und
wirf ihn, so weit du kannst. Kann
jemand weiter werfen als du?

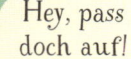

Hey, pass
doch auf!

BAUMZELT BAUEN

Stelle Äste und Zweige
um einen Baumstamm
herum auf.

STOCKRENNEN

Suche kleine Stöcke und wirf sie in
einen Bach oder Fluss. Welcher Stock
ist zuerst so weit weggeschwommen,
dass man ihn nicht mehr sieht?

lasse einen kleinen
Eingang frei.

82

BAUM-GESICHTER

Suche einen Baumstamm, in dessen Borke du ein Gesicht erkennen kannst.

STOCKSTAFFEL

Dieses Staffelrennen ist eine tolle Abwechslung, wenn du mit einer Gruppe unterwegs bist. Teilt euch in zwei Teams auf und sucht für jedes Team einen kleinen Stock. Bestimmt eine Start- und Ziellinie.

Jedes Teammitglied läuft die Strecke mit dem Stock in der Hand hin und zurück und übergibt ihn dann an den nächsten Läufer. Das schnellste Team gewinnt.

WEITSPRUNG

Springe, so weit du kannst. Markiere mit einem Stein oder Stock, wo du gelandet bist. Versuche beim nächsten Mal, noch weiter zu springen.

NESTERSUCHE

Halte im Frühling und Frühsommer nach Nestern Ausschau.

Amseln bauen kelchförmige Nester.

Eulen bauen ihre Nester in hohlen Bäumen.

HUUU!

KLEINTIERSUCHE

Hebe einen alten Zweig oder Baumstamm, der auf dem Boden liegt, vorsichtig hoch. Wie viele Insekten, Schnecken und andere Tierchen siehst du?

Ohrwurm

Ameise

Tausendfüßer haben ganz viele Beine.

Nackt-schnecke

WIRF EINEN BUMERANG

Wenn du einen Bumerang wirfst, sollte er zu dir zurück-fliegen. Bastele einen aus einem rechteckigen Blatt Papier und wirf ihn so, dass er zu dir zurückkommt.

1 Falte das Papier in der Mitte. Klappe es auf und schneide am Falz entlang. Du brauchst für den Bumerang nur eine Hälfte.

2 Falte das Papier noch einmal in der Mitte und klappe es wieder auf. Falte dann beide Längsseiten zur Mitte.

3 Falte das Papier in der Mitte von oben nach unten und dann die beiden oberen Ecken zur Mitte.

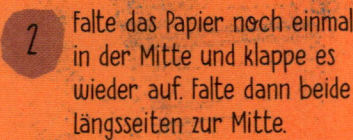
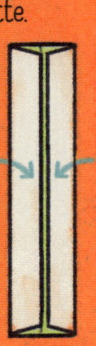

4 Öffne die beiden Faltungen, die du in Schritt 3 gemacht hast. Dann falte entlang der orangefarbenen Linie auf der Abbildung unten und klappe das Papier wieder auf.

5 Ziehe die obere Papierschicht entlang der blauen Linie mit zwei Fingern zusammen.

6 Nimm das rechte Ende und falte es an der orangefarbenen Linie nach links.

Klappe dann die obere Hälfte an der Falte aus Schritt 4 nach unten und drücke alles flach.

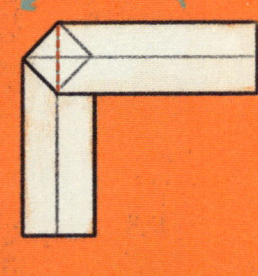

7 Schiebe die Spitze mit dem roten Punkt unter die obere Papierschicht und klappe die rechte Längsseite gleichzeitig darüber.

8 Klappe das untere Ende des Bumerangs vorsichtig auf. Falte beide unteren Ecken zur Mitte und dann wieder auf.

So sieht die Ecke jetzt aus.

9 Falte die linke Ecke nach innen zwischen die obere und die untere Schicht und drücke alles flach.

10 Falte das untere Ende wieder zu und stecke die rechte Ecke in den Schlitz, der in Schritt 9 entstanden ist.

11 Wiederhole die Schritte 8 bis 10 am anderen Ende.

So wirfst du den Bumerang

Halte den Bumerang mit dem Daumen oben und dem Zeigefinger unten wie abgebildet.

Wirf den Bumerang aus dem Handgelenk in die Luft und von dir weg.

Eigentlich sollte er wieder zurückkommen! Vielleicht musst du es einige Male üben, bis es klappt.

Male ein Muster auf deinen Bumerang.

Wenn du zwei Bumerangs bastelst, kannst du sie zu einem Kreuz zusammenkleben. Diese Form lässt sich noch besser werfen.

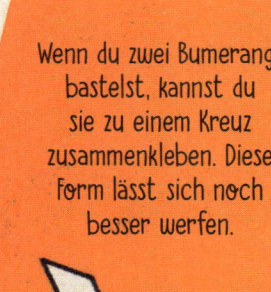

Klebe die beiden Teile mit Klebeband zusammen wie abgebildet.

Bumerang-Fakten

Bumerangs wurden erstmals vor vielen Tausend Jahren in Australien und anderen Teilen der Erde verwendet. Sie dienten zum Jagen, Fischen, Kämpfen, Graben und Musikmachen.

Der ÄLTESTE Bumerang wurde in Polen gefunden. Er wurde aus dem Stoßzahn eines Wollhaarmammuts geschnitzt und ist ungefähr 23 000 Jahre alt.

Ein hölzerner Waddy, auch *nulla nulla* genannt, ist der GEFÄHRLICHSTE Bumerang. In Australien wurden früher Kängurus und Emus damit gejagt.

Der GRÖSSTE Bumerang aller Zeiten war aus Holz und maß von einem Ende bis zum anderen 2,74 m.

Lerne ein Gedicht auswendig

Lies diese Naturgedichte und lerne das auswendig,
das dir am besten gefällt. Trage es jemandem vor
oder rezitiere es auf einem Spaziergang.

Nachtlied

Der Mond kommt still gegangen
Mit seinem goldnen Schein,
Da schläft in holdem Prangen
Die müde Erde ein.
Im Traum die Wipfel weben,
Die Quellen rauschen sacht;
Singende Engel durchschweben
Die blaue Sternennacht.
Und auf den lüften schwanken
Aus manchem treuen Sinn
Viel tausend Liebesgedanken
Über die Schläfer hin.
Und drunten im Tale, da funkeln
Die Fenster von Liebchens Haus:
Ich aber blicke im Dunkeln
Still in die Welt hinaus.

Emanuel Geibel (1815–1884)

prangen (Verb)
in auffälliger
oder schöner
Weise sichtbar
sein

Schlage Wörter, die du nicht kennst,
in einem Wörterbuch nach. Du
lernst das Gedicht viel leichter,
wenn du seine Bedeutung verstehst.

Wolken und Wellen

Es schweben die rötlichen Wolken
Hoch über Stadt und See.
Was bergt ihr in luftigen Falten,
Ist's lust, ist's herbes Weh?
Sie türmen sich auf und dräuen,
Sie glühn im Wetterschein
Und werden in wenigen Stunden
Verweht, vergessen sein.
Am Ufer branden die Wellen,
Sie rollen stolz daher.
Sie schäumen im Sand und zerrinnen,
Kein Auge schaut sie mehr.
Die Wolken und Wellen zerfließen,
Nur eines bleibt gewiss,
Das ist der blaue Himmel
Dort in dem Wolkenriss.

Rudolf von Tavel (1866–1934)

Achte auf das
Versmaß, also den
Rhythmus von betonten
und unbetonten Silben.

Es SCHWE-ben die RÖT-li-chen WOL-ken

Hoch Ü-ber STADT und SEE.

Was BERGT ihr in LUF-tig-en FAL-ten,

Ist's LUST, ist's HER-bes WEH?

Oder ... da DUM da da DUM da da DUM da

da DUM da DUM da DUM

da DUM da da DUM da da DUM da

da DUM da DUM da DUM

Die Krähe

Die Krähe lacht. Die Krähe weiß, was hinter Vogelscheuchen steckt,
Und dass sie nicht wie Huhn mit Reis und Curry schmeckt.
Die Krähe schnupft. Die Krähe bleibt nicht gern in einer Nähe.
Dank ihrer Magensäure schreibt sie Runen. Jede Krähe.
Sie torkelt scheue Ironie, flieht souverän beschaulich.
Und wenn sie mich sieht, zwinkert sie mir zu,
doch nie vertraulich.

Joachim Ringelnatz
(1883–1934)

Vogelscheuchen
können mich
nicht täuschen!

Rune, die
(Substantiv)
altes germanisches
Schriftzeichen

Der Fischer

Das Wasser rauscht', das Wasser schwoll,
Ein Fischer saß daran,
Sah nach dem Angel ruhevoll,
Kühl bis ans Herz hinan.
Und wie er sitzt und wie er lauscht,
Teilt sich die Flut empor:
Aus dem bewegten Wasser rauscht
Ein feuchtes Weib hervor.

Sie sang zu ihm, sie sprach zu ihm:
„Was lockst du meine Brut
Mit Menschenwitz und Menschenlist
Hinauf in Todesglut?
Ach wüsstest du, wie's Fischlein ist
So wohlig auf dem Grund,
Du stiegst herunter, wie du bist,
Und würdest erst gesund.

Labt sich die liebe Sonne nicht,
Der Mond sich nicht im Meer?
Kehrt wellenatmend ihr Gesicht
Nicht doppelt schöner her?
Lockt dich der tiefe Himmel nicht,
Das feuchtverklärte Blau?
Lockt dich dein eigen Angesicht
Nicht her in ew'gen Tau?"

Das Wasser rauscht', das Wasser schwoll,
Netzt' ihm den nackten Fuß;
Sein Herz wuchs ihm so sehnsuchtsvoll
Wie bei der Liebsten Gruß.
Sie sprach zu ihm, sie sang zu ihm;
Da war's um ihn geschehn;
Halb zog sie ihn, halb sank er hin
Und ward nicht mehr gesehn.

Johann Wolfgang von Goethe
(1749–1832)

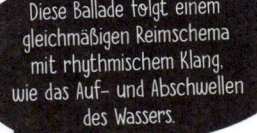

Diese Ballade folgt einem
gleichmäßigen Reimschema
mit rhythmischem Klang,
wie das Auf- und Abschwellen
des Wassers.

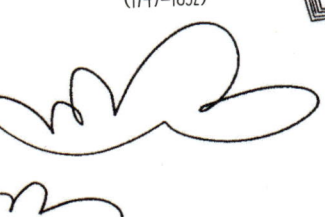

So merkst du dir ein Gedicht

- Wähle ein Gedicht und lerne eine Zeile nach der anderen auswendig.

- Decke das Gedicht bis auf die erste Zeile ab. Sprich dir diese Zeile immer wieder laut vor, bis du sie auswendig kannst.

- Schaue dir nun die ersten beiden Zeilen an und wiederhole diese, bis du sie auswendig kannst.

- Gehe so Zeile für Zeile vor und wiederhole alles, bis du das ganze Gedicht auswendig kannst.

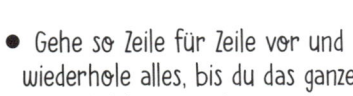

Die Krähe lacht. Die Krähe weiß, was hinter Vogelscheuchen steckt ...

- Übung macht den Meister! Wiederhole dein Gedicht einmal pro Tag, damit du es nicht vergisst.

SIEH DIR EIN HAUS GANZ GENAU AN

Wenn du das nächste Mal an alten Häusern in deiner Straße oder Stadt vorbeigehst, sieh sie dir einmal ganz genau an. Findest du die folgenden baulichen Besonderheiten?

Fragen zur Beschreibung eines Hauses:

Wie viele Stockwerke hat es?

Wodurch unterscheidet es sich äußerlich von anderen Gebäuden in der Umgebung?

Welche Materialien siehst du: Glas, Metall, Stein, Ziegel, Kunststoff oder Beton?

Sieht es schön oder hässlich aus?

Würdest du gern in dem Haus wohnen?

Wann wurde es wohl gebaut?

die Veranda
(überdachte Terrasse)

der Schornstein

das Dachgesims
(Abschluss des obersten Stockwerkes)

das Giebeldreieck
(verzierter Giebel)

der Schornsteinaufsatz

die Dachgaube
(senkrechtes Fenster im Dach)

der Erker
(Vorbau am Haus)

die Fensterrose
(rundes Fenster)

die Kuppel
(kleines Gewölbe auf einem Dach)

die Dachtraufe
(überhängender Teil des Daches)

der Fenster-
sturz (waage-
rechter Abschluss
über Fenster
oder Tür)

der Eckstein
(Stein in den Ecken
eines Bauwerkes)

der französische
Balkon
(bodentiefes Fenster
mit Geländer)

die Markise (Stoffdach)

das Gitter (Metallstäbe vor einem Fenster)

der Mittelpfosten (senkrechte Unterteilung bei Fenstern)

das Oberlicht (halbrundes Fenster über dem Fenster)

der Keilstein (keilförmiger Schlussstein in einem Bogen)

der Baldachin (Dach über einer Tür)

das Kapitell (oberer Abschluss einer Säule)

der Zwickel (dreieckige Fläche zwischen Bögen)

die Balustrade (Geländer aus vielen kleinen Säulen)

Klinker

Viele Gebäude wurden mit Klinker gebaut. Das sind Ziegelsteine, die unter hohen Temperaturen gebrannt wurden. Heutzutage nutzt man sie meist zum Dekorieren von Hausfassaden.

Welchen Mauerabschnitt kannst du aus dieser Anzahl an Klinkern legen?

Klinker werden oftmals in verschiedenen Mustern verlegt. Zeichne die Muster ab, die du unterwegs siehst.

Es gibt ganz unterschiedlich gefärbte Klinker, je nachdem wie sie gebrannt werden.

Torfbrandklinker (grünlich)

Greppiner Klinker (gelblich)

Kohlebrandklinker (bläulich)

1. Ein Zickzackmuster wird als fischgrätenverband bezeichnet.

3. Vertikale und horizontale Klinker bilden den sogenannten Parkettverband.

2. Diese Anordnung heißt läuferverband.

FÜTTERE VÖGEL

Für diesen Futterapfel brauchst du einen alten Apfel, Kürbiskerne, zwei Zweige und ein langes Stück Schnur.

1 Binde die beiden Zweige mit einem langen Stück Schnur zu einem Kreuz zusammen.

2 Entferne das Kerngehäuse des Apfels mit einem Ausstecher.

3 Stecke viele Kürbiskerne in die Schale des Apfels.

4 Ziehe nun die Schnur durch die Mitte des Apfels und befestige den Futterapfel draußen an einer geeigneten Stelle.

Twitt witt witt!
Twitt witt witt witt!

TSCHILP, TSCHITSCHILP!

Vogeluhr

Vögel beginnen schon ganz früh am Morgen mit ihrem Gesang. Die verschiedenen Arten folgen dabei einer ganz bestimmten Reihenfolge, was als „Vogeluhr" bezeichnet wird. Sie singen, um Partner zur Paarung anzulocken, Nachrichten zu übermitteln oder ihr Revier abzugrenzen.

Beobachte die Vögel, die zu deinem Futterapfel kommen, und lausche ihrem Gesang.

Jetzt lerne die Vogelsprache

Du könntest den Vögeln an deinem Futterapfel zupfeifen oder ihnen mit einer solchen Handflöte etwas zuzwitschern.

1 Verschränke deine Hände wie abgebildet. Sie können sich so umfassen ...

... oder so.

Deine beiden Daumen müssen eng nebeneinanderliegen.

Deine Hände sollten einen Hohlraum bilden.

2 Lege die Lippen an deine Daumengelenke und blase die Luft durch den kleinen Spalt zwischen den Daumen. Es entsteht ein pfeifender Ton.

lege deine Lippen hier an.

Wenn du die Finger der oberen Hand bewegst, verändert sich der Ton.

Ein Eulen- oder Kuckucksruf ist schwierig und erfordert meist viel Übung.

ERÖFFNE EIN INSEKTENHOTEL

Wenn du einen Garten hast, kannst du ein Hotel für kleine krabbelnde Gäste bauen, in dem sie sich verstecken können.

Suche eine geschützte Stelle für das Insektenhotel.

Lege Holzbretter auf alte Ziegelsteine oder kleine Blumentöpfe, um verschiedene Etagen zu bauen.

Fülle das Hotel mit verschiedenen Materialien, um alle möglichen Lebewesen anzulocken.

Füge ganz oben noch ein Brett als Dach hinzu.

Alte Baumrinde eignet sich gut für Tausendfüßer und Spinnen.

Rolle Wellpappe für Netzflügler zusammen.

Schmetterlinge mögen trockenes Laub.

Käfer lieben kleine Zweige.

Stecke kurze Bambusstöcke in eine leere Konservendose. Solitärbienen können hier ihre Eier ablegen.

In Stroh können Insekten besonders gut schlafen.

Alte Tontöpfe und Steine bieten einen dunklen, feuchten Unterschlupf für Frösche, Kröten und Schnecken.

ENTDECKE DAS DRAUSSEN DRINNEN

Auf der ganzen Welt gibt es wundervolle Dinge zu entdecken. Besuche auf dieser Doppelseite faszinierende Orte, ohne auch nur einen Fuß vor die Tür zu setzen.

DINOSAURIER-PROVINZPARK

Besichtige in diesem Themenpark die Knochen von über

30

verschiedenen Dinosaurierarten.

BERMUDADREIECK

Schiffe und Flugzeuge sollen beim Passieren dieses dreieckigen Gebietes spurlos verschwunden sein.

GRAND CANYON

Diese riesige Schlucht wurde im Verlauf vieler Jahrtausende vom Colorado River in das Gestein gegraben.

VULKAN PARICUTÍN

Dieser Vulkan entstand am 20. Februar 1943 auf einem Feld in Mexiko. Er spuckte

9 JAHRE

lang heiße Lava, Asche und Gestein, aber jetzt ist er nicht mehr aktiv. Puh!

Capybaras leben im Amazonas-Gebiet.

DER AMAZONAS-REGENWALD

ist der größte Dschungel der Erde. Viele Pflanzen- und Tierarten kommen nur hier vor.

SCHWARZE UND WEISSE RAUCHER

Hydrothermale Quellen am Grund des Meeres stoßen heißes Wasser und chemische Stoffe aus. Sie bieten Nahrung für viele einzigartige Lebewesen.

SAHARA

Die Sahara ist die heißeste Wüste der Welt. Sie erstreckt sich über

11 LÄNDER.

TIERWANDERUNG IN DER SERENGETI

Jedes Jahr ziehen rund 1 500 000 Gnus und 200 000 Zebras mehr als 1500 km durch Afrika, um frisches Gras zu finden.

KRATER VON DERWEZE

Dieser riesige Krater in Turkmenistan steht seit über 40 Jahren in Flammen. Er wird auch „Tor zur Hölle" genannt.

DOLINA GEISEROW

Im „Tal der Geysire" stoßen heiße Quellen in regelmäßigen Abständen Wasser und Dampf aus.

OLD TJIKKO

heißt eine schwedische Fichte, die ungefähr

9550

Jahre alt ist.

DALLOL

Die Krater in diesem Gebiet enthalten leuchtend grünes und schwefelgelbes Wasser.

WULINGYUAN

Zahlreiche hohe Sandsteinpfeiler ragen hier in die Höhe.

GREAT-BARRIER-RIFF

Tausende von Lebewesen leben in diesem bunten Korallenriff zusammen.

QUALLENSEE

In diesem Salzwassersee wohnen Millionen von goldfarbenen Quallen. Schwimme mit ihnen, wenn du dich traust ...

TOTES MEER

In diesem riesigen See treibst du mühelos auf der Wasseroberfläche, da das Wasser sehr salzhaltig ist. (Es ist 9,6-mal salziger als Meerwasser.)

BAOBABALLEE

Baobabs oder Affenbrotbäume sind riesige Bäume, die Wasser in ihren Stämmen speichern. Sie können bis zu

800 JAHRE

alt werden.

ZÜCHTE PFLANZEN

lege einen kleinen Garten an und beobachte, wie aus Samen Pflanzen wachsen.

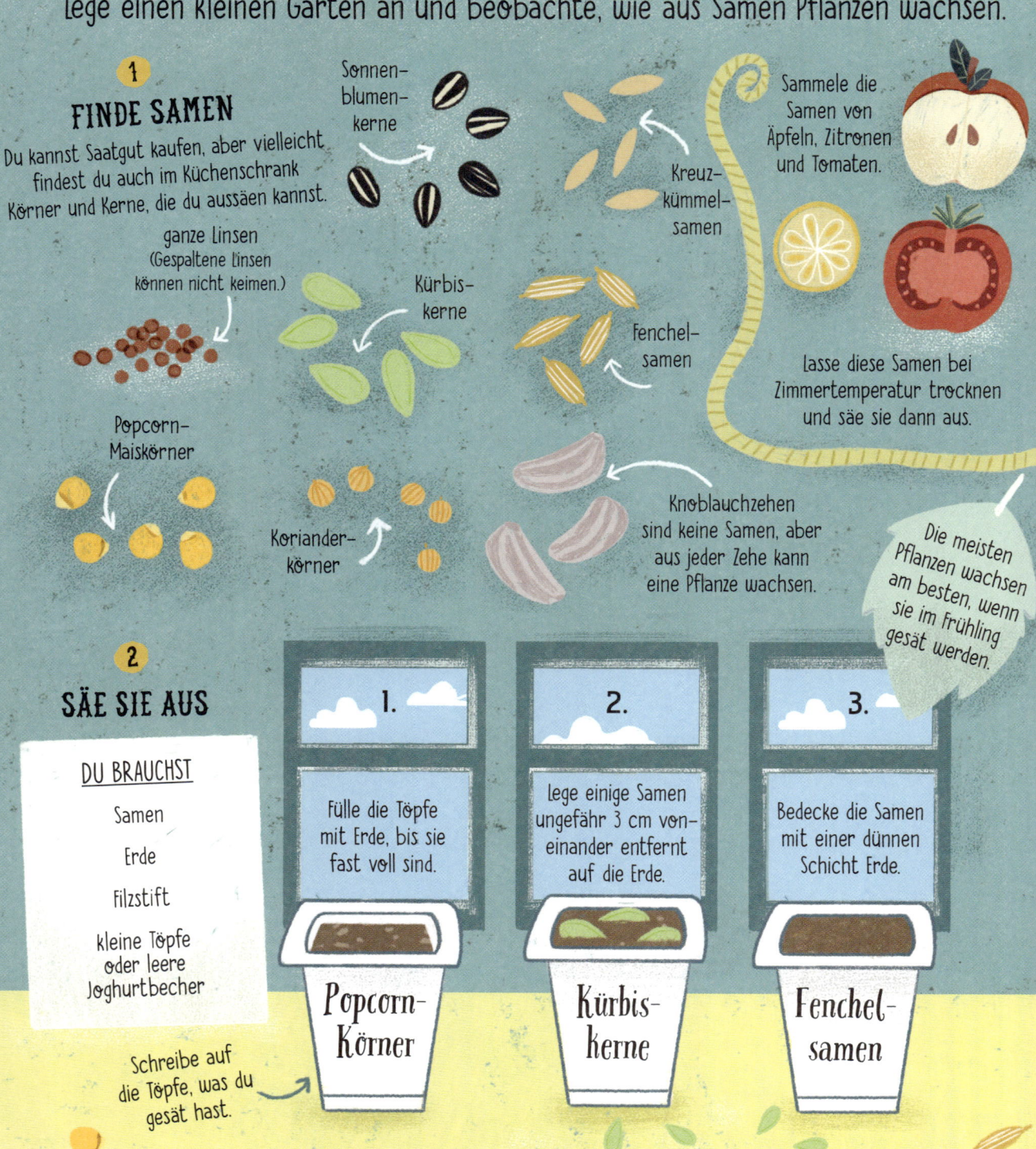

1

FINDE SAMEN

Du kannst Saatgut kaufen, aber vielleicht findest du auch im Küchenschrank Körner und Kerne, die du aussäen kannst.

Sonnen-blumen-kerne

Kreuz-kümmel-samen

Sammele die Samen von Äpfeln, Zitronen und Tomaten.

ganze Linsen
(Gespaltene Linsen können nicht keimen.)

Kürbis-kerne

fenchel-samen

lasse diese Samen bei Zimmertemperatur trocknen und säe sie dann aus.

Popcorn-Maiskörner

Korianderkörner

Knoblauchzehen sind keine Samen, aber aus jeder Zehe kann eine Pflanze wachsen.

Die meisten Pflanzen wachsen am besten, wenn sie im Frühling gesät werden.

2

SÄE SIE AUS

DU BRAUCHST

Samen

Erde

Filzstift

kleine Töpfe oder leere Joghurtbecher

1. Fülle die Töpfe mit Erde, bis sie fast voll sind.

2. lege einige Samen ungefähr 3 cm von-einander entfernt auf die Erde.

3. Bedecke die Samen mit einer dünnen Schicht Erde.

Popcorn-Körner

Kürbis-kerne

Fenchel-samen

Schreibe auf die Töpfe, was du gesät hast.

Stelle die Töpfe auf eine sonnige Fensterbank oder an eine geschützte Stelle draußen. Gieße die Samen jeden Tag ein bisschen.

3 ZIEHE SIE GROSS

Es kann mehrere Tage oder Wochen dauern, bis sich die ersten Keimlinge zeigen ... und manche Samen keimen nie.

Ein junger Keimling wird auch Sämling genannt.

Was wächst und was wächst nicht? Mache dir in einem Heft Notizen.

Beim Gießen mit der Gießkanne beschädigst du vielleicht die zarten Keimlinge. Lasse das Wasser lieber vorsichtig von deinen Fingern tropfen.

Sprich mit deinen Pflänzchen. Untersuchungen haben gezeigt, dass Pflanzen manchmal schneller wachsen, wenn man mit ihnen spricht.

Pflanzen brauchen Platz zum Wachsen. Sobald deine Pflänzchen ungefähr 5 cm groß sind, musst du sie in größere Töpfe oder direkt draußen in den Boden umpflanzen.

Fenchel-samen

SCHÄDLINGSBEKÄMPFUNG

Tiere wie Schnecken und Insekten können Pflanzen schädigen.

SCHNECKENLABYRINTH

Welche Schnecke erreicht den Salat, ohne über Kaffeesatz oder Eierschalen rutschen zu müssen?

Streue Kaffeesatz oder zerbröselte Eierschalen um deine Pflanzen herum. So hältst du hungrige Schnecken fern.

START

A   B   C

BLATTLAUSSUCHE

Blattläuse sind kleine Insekten, die sich von Pflanzen ernähren. Sie können grün, braun oder schwarz sein. Wie viele Blattläuse findest du unten an der Tomatenpflanze?

Verrühre einige Spritzer Spülmittel in einem halben Liter Wasser und bepinsele die Pflanzen mit dieser Lösung. So wirst du die Läuse meist wieder los.

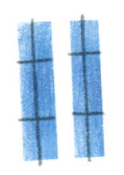

SPIELE KLOPF-KLOPF

Dieses Spiel könnt ihr zu zweit oder mit mehreren draußen spielen, wenn ihr an vielen Häusern vorbeikommt. Jeder Spieler sammelt nach den folgenden Regeln so viele Punkte wie möglich.

Du bekommst ...

1 Punkt für eine schwarze, blaue oder rote Tür.

2 Punkte für eine grüne, gelbe oder weiße Tür.

3 Punkte für eine rosafarbene, braune oder lilafarbene Tür.

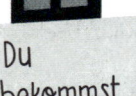

Rufe laut „Klopf-klopf", wenn du eine Tür siehst. Bei einer gelben Tür sagst du: „Klopf-klopf gelbe Tür."

Wer zuerst an einer Tür „Klopf-klopf" ruft, erhält die entsprechende Punktzahl. Nur ein Spieler kann für eine Tür Punkte bekommen.

Wer zuerst 50 Punkte hat, gewinnt.

Wenn eine Tür einen Türklopfer hat, bekommt man die doppelte Punktzahl.

Wenn die Tür ein Fenster hat, erhältst du einen Bonuspunkt.

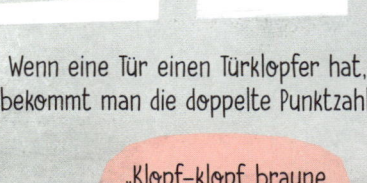

„Klopf-klopf braune Tür mit Türklopfer!"

6 Punkte

„Klopf-klopf grüne Tür mit Fenster!"

3 Punkte

Glücksklopfer

Viele Türklopfer haben die Form von Glückssymbolen.

Die Hand der Fatima gilt als Schutzsymbol, besonders in islamischen Ländern.

Im viktorianischen London hatten Ärzte oft einen Türklopfer in dieser Form.

Drachen sind in China ein Glückssymbol.

Hufeisen gelten in einigen Teilen der Welt als Glücksbringer.

Gibt es bei dir in der Umgebung interessant geformte Türklopfer?

Phänomenale Portale

Ordne diese Türen den unten aufgeführten Beschreibungen zu.
Schreibe die Antworten auf ein Stück Papier, bevor du hinten nachschaust.

A In „Der König von Narnia" von C. S. Lewis führt eine Tür durch einen Wandschrank in das Land Narnia.

B Einige ägyptische Pyramiden haben falsche Türen. Durch diese sollten die Seelen der in der Pyramide begrabenen Personen ein- und ausgehen können.

C Das „Tor der Sonne" in Bolivien wurde vor Tausenden von Jahren aus einem einzigen Stein gehauen. Das über dem Durchgang dargestellte Gesicht ist von 24 Sonnenstrahlen umgeben.

D Die britische Premierministerin oder der Premierminister wohnt hinter dieser schwarzen Haustür in der Downing Street in London.

E In der Tudor-Zeit (1485–1603) wurden die Gefangenen auf einem Boot in den Tower of London gebracht. Auf ihrem Weg fuhren sie durch das sogenannte „Verrätertor".

F Die Basilika Sankt Peter im Vatikan in Rom hat eine Tür, die nur alle 25 Jahre vom Papst geöffnet wird.

G Der Königspalast in Fès, Marokko, liegt hinter drei prachtvollen Messingtüren.

H Diese Türen im Kennedy Space Center in Florida, USA, sind die größten der Welt. Sie sind 139 m hoch, damit eine Raumfähre aufrecht durchpasst.

PUNKTE MIT KATZEN UND HUNDEN

Für jede Katze und jeden Hund, den du draußen siehst, bekommst du eine bestimmte Punktzahl. Führe ein Tagebuch über die verschiedenen Katzen und Hunde, die dir begegnen.

2 schlanker Hund mit langen Beinen

1 gescheckte Katze mit Flecken und Streifen auf dem Fell

2 Hund mit kurzen Beinen und langem Körper

5 Hund mit Punkten

1 Hund mit langem, welligem Fell

4 Katze mit dunklem Gesicht, dunklen Pfoten und dunklem Schwanz

Diese Musterung wird als „Pointfärbung" bezeichnet.

3 Smoking-Katze: schwarze Katze mit weißer Brust und weißen Vorderpfoten

5 Kätzchen

Kleine Katzen werden schnell groß. Sie können schon nach zwölf Wochen von der Mutter getrennt werden.

2 Katze mit vier weißen Pfoten

3 haarlose Katze

Sphinx-Katzen sehen nackt aus, haben aber einen leichten Haarflaum, der sich so ähnlich anfühlt wie die Haut eines Pfirsichs.

2 Hund mit einer Schleife um den Hals

2 Hund mit einem Ball oder Spielzeug

1 Katze mit langem Fell

1 Hunde, die sich begrüßen

Hunde sagen Hallo, indem sie sich gegenseitig am Hinterteil beschnüffeln.

Katze an der Leine

Corgi

Corgis sind die liebsten Haustiere der britischen Königin Elisabeth II.

4

4 Katze mit Schildpattmuster

Diese Katzen haben ein weißes Fell mit orangefarbenen und schwarzen Flecken.

20

Katze in einem Karton

2

Katzen quetschen sich manchmal irgendwo hinein. Vielleicht fühlen sie sich dort sicher.

jemand, der drei oder mehr Hunde spazieren führt

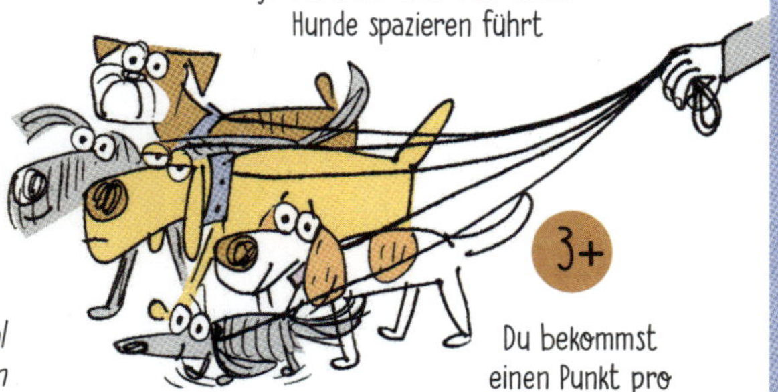

3+

Du bekommst einen Punkt pro Hund.

Hund oder Katze mit einem Schutzkragen

8

Dieser Schutzkragen hält Katzen und Hunde davon ab, ihre Wunden zu lecken.

Pudel

4

Hund, der seine eigene Leine trägt

3

Katze mit nach unten hängenden Ohren

5

wuscheliger Hund

2

5

Bernhardiner
eine sehr große Hunderasse

Katze mit sehr kurzem Schwanz

8

Manx-Katzen sind schwanzlos oder haben nur einen kleinen Stummelschwanz.

5

Hund oder Katze in einem Korb oder in einer Tasche

3

Katze, die auf den Hinterpfoten sitzt wie ein Erdmännchen

4

Hund mit SEHR langen Ohren

1

rote Katze

Hund mit hellem oder goldfarbenem Fell

1

GESCHWÄNZEL

Der Schwanz einer Katze oder eines Hundes kann dir viel über ihre oder seine Laune verraten.

KATZE

Ich konzentriere mich stark auf etwas.

Ich bin böse oder habe Angst. Lass mich in Ruhe!

gesträubter Schwanz

zuckende Schwanzspitze

Ich bin zufrieden.

aufgestellter Schwanz

Ich bin nervös.

eingezogener Schwanz

HUND

Ich will spielen!

Ich bin der Boss.

aufgestellter Schwanz

wedelnder Schwanz

Ich bin ganz locker.

entspannter Schwanz

Ich habe Angst.

eingezogener Schwanz

BRINGE DAS DRAUSSEN MIT NACH DRINNEN

Sammele merkwürdige Dinge aus der Natur und eröffne auf einem Tisch oder Regal dein eigenes kleines Naturkundemuseum.

NATURKUNDEMUSEUM

Geöffnet: Montag bis Freitag 17:30 bis 18:00 Uhr

Führungen auf Anfrage

Schreibe für jedes Ausstellungsstück ein Kärtchen mit einer Erklärung und interessanten Fakten.

Kiefernzapfen öffnen sich bei Trockenheit und schließen sich, wenn es feucht ist.

Nimm mit einem Smartphone Vogelstimmen, Regen oder Matschgeräusche auf und spiele sie in deinem Museum ab.

KRGGGGGGGRRRRR
rnnnnnnnNNNnnn
gggGgnNnnnn

Drucke deine eigenen Fotos aus oder schneide Bilder von Dingen aus, die du zeigen möchtest.

Schreckliches Unwetter, aufgenommen am 29. Mai um 14:30 Uhr

Skizze der Alpen, schwarze Tinte

Katzenförmiger Stein, gefunden am 11. Oktober

Matsch aus einer riesigen Pfütze im Marschweg, gesammelt am 2. Februar

Papierboot, das auf der riesigen Pfütze im Marschweg schwamm

fertige deine eigenen Skizzen an.

Tulpe

Fuchsie

Erdbeerblüte
(Aus dem mittleren Teil wächst die Erdbeere.)

Postkarte mit einem etwa 7000 Jahre alten Baum auf der japanischen Insel Yakushima

Blumenzeichnungen vom vergangenen Sommer

Foto vom Fußabdruck eines Löwen

Meerglas, gesammelt in der Möwenbucht. Meerglas entsteht, wenn Glasscherben jahrelang vom Wasser abgeschliffen werden.

Bitte deine Besucher, Kommentare im Gästebuch zu hinterlassen.

GÄSTEBUCH

Wie hat euch meine Ausstellung gefallen?

Feder, wahrscheinlich von einer Eule, gefunden am 19. Juli

Spenden für das Museum

NIMM DAS DRINNEN MIT NACH DRAUSSEN

Mache etwas, das du normalerweise drinnen tust, einmal draußen an der frischen Luft.

Singen

Singe alle deine Lieblingslieder.

Singst du draußen lauter als drinnen?

Im Freien essen

Statt immer nur draußen zu picknicken oder zu grillen, kannst du auch unter freiem Himmel frühstücken oder zu Mittag essen.

Schmeckt dein Müsli draußen besser?

Zähne putzen

Wie fühlt es sich an, wenn du deine Zähne nicht im Badezimmer, sondern draußen im Freien putzt?

Die Zahnpasta schmeckt vielleicht noch frischer.

Nimm einen Zahnputzbecher mit, um auszuspucken, und ein Glas Wasser zum Spülen.

Lesen

Nimm ein Buch mit nach draußen.

Kannst du dir die Welt in deinem Buch hier draußen besser vorstellen, als wenn du drinnen liest?

Horche beim Lesen auf Vogelgezwitscher, raschelndes Laub und andere Geräusche.

Hinlegen und ausruhen

Lege dich unter einen Baum und schaue nach oben.

Suche dir ein bestimmtes Blatt oder einen Zweig aus und überlege, wie weit oben sie wohl sind.

Siehst du Vögel oder Wolken am Himmel? Kannst du dir vorstellen, wie hoch sie fliegen?

Spürst du, wie du dich entspannst und deine Lungen sich mit frischer Luft füllen? Vielleicht nickst du sogar ein.

Schreiben

Wenn du nach draußen gehst, nimm immer Stift und Papier mit, um gute Gedanken und Ideen aufzuschreiben.

Schreibe eine Liste von allen Dingen, die du riechen, hören, sehen, fühlen und schmecken kannst.

TRAINIERE DEINE NACHTSICHT

Wenn es dunkel wird, kannst du nicht mehr gut sehen, was um dich herum passiert. Aber fürchte dich nicht! Mit den Tipps auf dieser Doppelseite kannst du deine Nachtsicht verbessern – drinnen und draußen.

Wie deine Augen funktionieren

Deine Augen brauchen mindestens 30 bis 45 Minuten, um sich an die Dunkelheit zu gewöhnen.

Die Pupille in der Mitte deiner Augen weitet sich, um so viel wie möglich von dem verbleibenden Licht hereinzulassen.

 starkes Licht

 schwaches Licht

Mit bestimmten Zellen in der Netzhaut, den sogenannten Stäbchen, kannst du bald verschiedene Formen und Helligkeitsstufen ausmachen.

Es kann mehrere Stunden dauern, bis deine Nachtsicht optimal ist.

1. TIPP

Trage vor Einbruch der Dunkelheit eine Sonnenbrille.

Wenn es tagsüber sehr sonnig war, gewöhnen sich deine Augen nur langsam an die geringere Helligkeit.

Piloten nutzen diesen Trick vor einem Nachtflug, um ihre Nachtsicht zu verbessern.

3. TIPP

Schließe deine Augen für einige Minuten, bevor du hinaus in die Dunkelheit gehst, damit sie sich besser anpassen können.

Lies ein Buch oder höre Radio, damit sich deine Augen an die Dunkelheit gewöhnen.

2. TIPP

Vermeide helles Licht von Bildschirmen.

Spiele nicht am Computer, schaue nicht auf dein Smartphone und sieh nicht fern.

4. TIPP

Iss ein Käseomelette oder etwas anderes, das viel Vitamin A enthält. Dieses Vitamin fördert deine Nachtsicht.

Nahrungsmittel mit viel Vitamin A:
- Milch
- Joghurt
- Käse
- Eier

Spinat, Möhren, Paprika, Mangos und Aprikosen sind auch gut für die Augen, da sie den Naturfarbstoff Beta-Carotin enthalten. Dein Körper kann ihn in Vitamin A umwandeln.

leuchtende Augen

Wenn du nachts draußen bist und in der Ferne ein Paar Augen funkeln siehst, sind es sicher keine Menschenaugen. Nur wenige Tierarten wie Katzen, Hunde, Pferde oder Kühe haben Augen, die im Dunkeln leuchten.

Die Netzhaut in den Augen dieser Tiere ist mit einer reflektierenden Schicht ausgestattet, die *tapetum lucidum* heißt (lat. „leuchtender Teppich"). Damit können die Tiere nachts besser sehen, und ihre Augen funkeln.

> Ihre Augen erscheinen nicht alle gleich. Sie leuchten gelb, grün, weiß oder blau.

> Schreibe alle funkelnden Augen auf, die du entdeckst, und zu welchem Tier sie gehören.

> Gelblich/grün – vermutlich eine Katze
>
> Blau – höchstwahrscheinlich ein Pferd
>
> Weiß mit blauem Rand – möglicherweise ein Hund

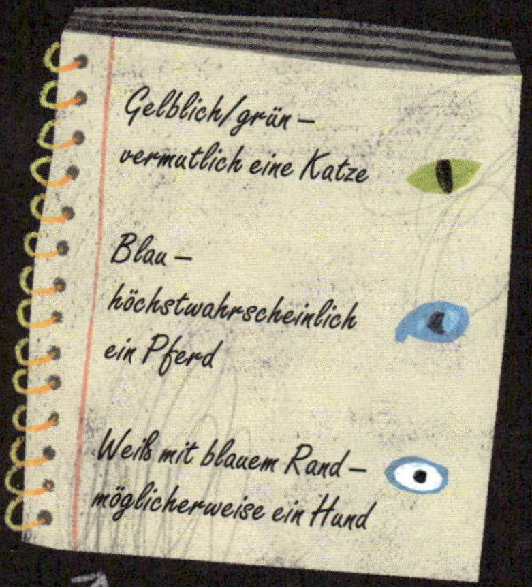

Formen zuordnen

Finde heraus, wie gut du Dinge anhand ihrer Form im Dunkeln erkennen kannst. Wie viele Eulen, Fledermäuse und Füchse findest du auf diesem Bild? Auf den Antwortseiten erfährst du, wo sie sich verstecken.

SUCHE FOSSILIEN

Vor langer Zeit, noch bevor es Menschen gab, lebten Dinosaurier und andere wundersame Wesen auf der Erde. Die Dinosaurier sind längst ausgestorben, aber du kannst in Fossilien heute noch die versteinerten Spuren ihrer Welt finden.

Tipps für die Fossiliensuche

Fossilien findest du am ehesten an einem Strand oder Flussufer.

AUSRÜSTUNG

- Kamera, um deine Fossilienfunde zu dokumentieren
- Vergrößerungsglas zum genauen Untersuchen
- Bürste oder alte Zahnbürste, um Schmutz zu beseitigen

Suche unter Steinen nach Fossilien.

Hier sind einige Beispiele für versteinerte Lebewesen.

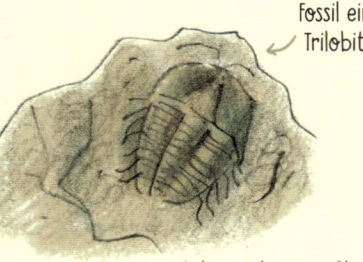

Fossil eines Trilobiten

Stachelhäuterfossil

Gehe nach einem Sturm auf Fossiliensuche. Durch starken Wind und Regen brechen Steine auf und legen Versteinerungen frei.

Armfüßerfossil

Fossil eines Ammoniten

Fossiliensammlerin

Mary Anning (1799–1847) widmete ihr Leben der Fossiliensuche an der südwestlichen Küste Englands, begleitet von ihrem Hund Tray.

Einer ihrer größten Funde war das Skelett eines Flugsauriers.

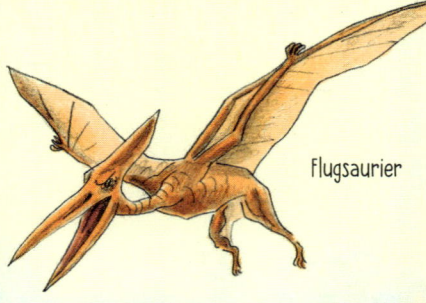

Flugsaurier

Mary wurde zur Expertin für sogenannte Koprolithe. Das ist versteinerter Dinosaurierkot.

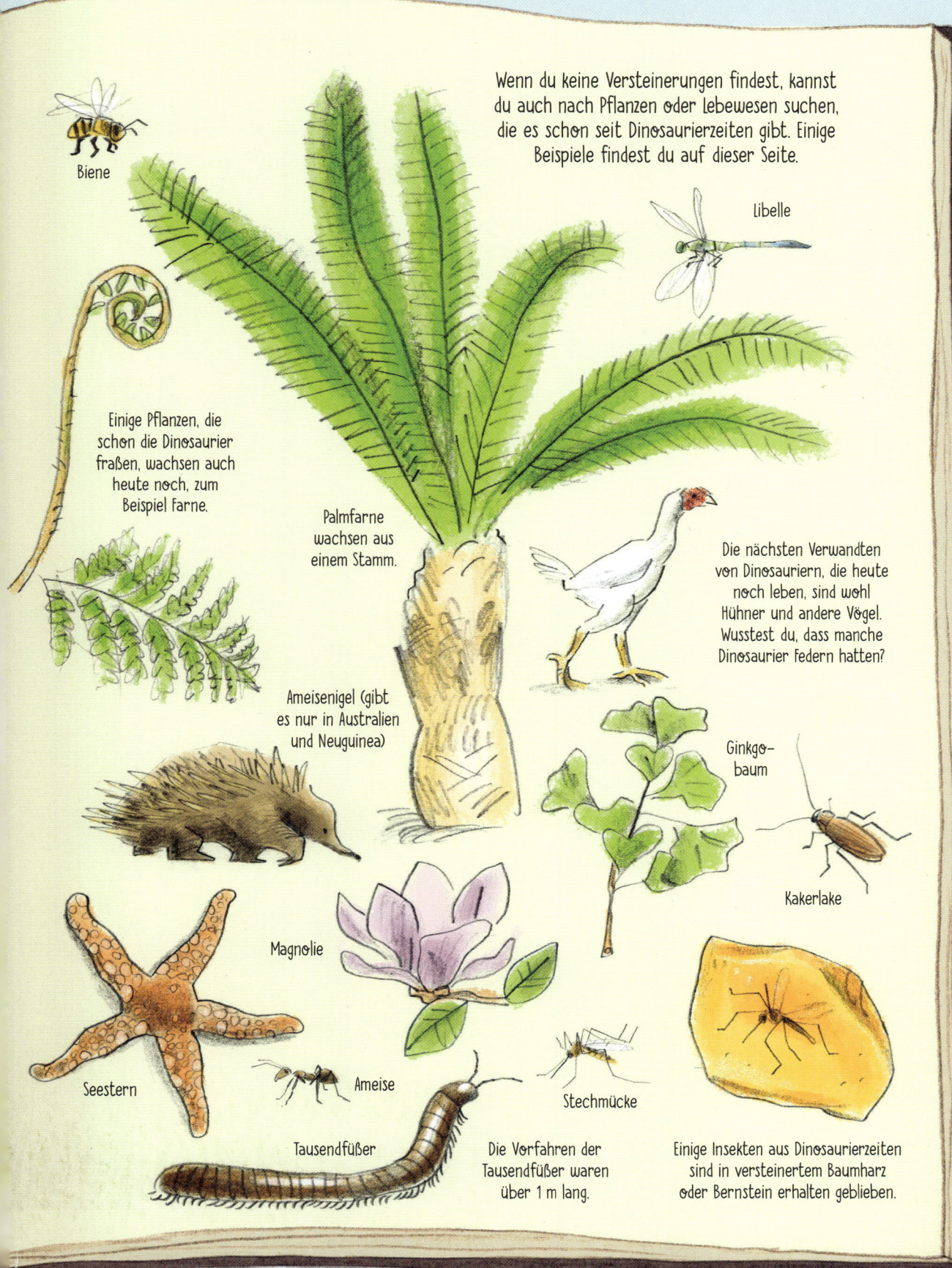

Biene

Wenn du keine Versteinerungen findest, kannst du auch nach Pflanzen oder Lebewesen suchen, die es schon seit Dinosaurierzeiten gibt. Einige Beispiele findest du auf dieser Seite.

Libelle

Einige Pflanzen, die schon die Dinosaurier fraßen, wachsen auch heute noch, zum Beispiel Farne.

Palmfarne wachsen aus einem Stamm.

Die nächsten Verwandten von Dinosauriern, die heute noch leben, sind wohl Hühner und andere Vögel. Wusstest du, dass manche Dinosaurier federn hatten?

Ameisenigel (gibt es nur in Australien und Neuguinea)

Ginkgo-baum

Kakerlake

Magnolie

Seestern

Ameise

Stechmücke

Tausendfüßer

Die Vorfahren der Tausendfüßer waren über 1 m lang.

Einige Insekten aus Dinosaurierzeiten sind in versteinertem Baumharz oder Bernstein erhalten geblieben.

BEWEGE DICH WIE EIN TIER

Tiere bewegen sich auf ganz unterschiedliche Weise. Suche dir draußen einen Ort, wo du genug Platz hast, um ihre Art der Fortbewegung zu imitieren.

Watschele wie ein
PINGUIN

Lege die Arme eng am Körper an und halte die Beine steif. Lehne dich nun auf ein Bein und schwinge das andere gestreckt nach vorn. Wiederhole das Gleiche auf der anderen Seite.

Pinguine haben große Füße und kurze Beine, mit denen sie gut schwimmen, aber nicht so gut laufen können. Sie watscheln, um weniger Energie zu verbrauchen.

Springe wie ein
KÄNGURU

Springe nach vorn und drücke dabei die Beine zusammen. Halte die Arme angewinkelt und die Hände in Brusthöhe.

Kängurus halten mit ihrem Schwanz das Gleichgewicht. Manchmal laufen sie auch auf allen vieren.

Schlängele dich wie eine
SCHLANGE

Lege dich mit angelegten Armen auf den Bauch. Versuche nun, dich fortzubewegen, ohne die Hände zu benutzen. Wackele seitlich mit Hüften und Schultern.

Schlängele so an einem Strand über den Sand. Stehe dann auf und sieh dir die Spur an, die du hinterlassen hast.

Alle Schlangen können schwimmen. Sie holen durch die Nase tief Luft, bevor sie untertauchen.

Die meisten Schlangen schlängeln sich wie ein „S" seitlich hin und her. Abgottschlangen bewegen sich in gerader Linie.

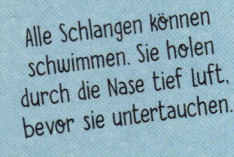

Hüpfe wie ein
FROSCH

Gehe ganz tief in die Hocke und beuge dich nach vorn. Lege die Hände auf den Boden, um dich abzustützen. Springe dann, so hoch du kannst.

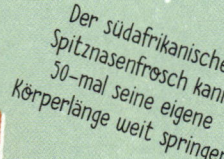

Der südafrikanische Spitznasenfrosch kann 50-mal seine eigene Körperlänge weit springen.

Krabbele wie ein
KREBS

Setze dich hin und lege die Hände seitlich auf den Boden. Schiebe deinen Rumpf wie eine flache Tischplatte nach oben. Drücke deine Hüften hoch und laufe auf Armen und Beinen.

Krebse können auch vorwärts krabbeln, aber sie sind viel schneller, wenn sie sich seitwärts fortbewegen.

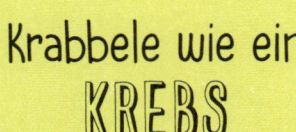

Laufe wie ein
BÄR

Beuge dich nach vorn mit beiden Händen auf dem Boden. Laufe jetzt mit gestreckten Armen und Beinen los.

Eisbären haben behaarte Fußsohlen, um auf dem Eis nicht auszurutschen.

Tierwettrennen

Mache mit Freunden ein Tierwettrennen. Lauft alle im gleichen Gang oder tretet als verschiedene Tiere gegeneinander an.

SEI EIN STRANDPROFI

Hier sind einige Tipps und Tricks für einen gelungenen Tag am Strand.

lerne zuerst ...

... die Namen von Muscheln, die du vielleicht findest.

Herzmuschel

Miesmuschel

Kaurischnecke

Flügelschnecke
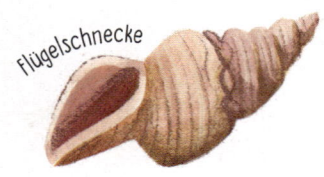

Spitzschnecke

Napfschnecke

Jakobsmuschel

Meeresschnecke

> Mein Gehäuse besteht aus Kalziumkarbonat. Es wird von meinem Körper ausgeschieden und härtet dann schnell aus, um mich vor Angreifern zu schützen.

Pantoffelschnecke

Tellmuschel

Scheidenmuschel

Venusmuschel

Macrocallista nimbosa

FANGE STRANDKRABBEN

Du brauchst einen alten Netzbeutel aus dem Supermarkt, in dem zum Beispiel Orangen verkauft werden.

> Was für eine krabbengute Idee!

Binde ein langes Stück Schnur an das Netz.

Gib Brot, Käse oder Fleisch als Köder in das Netz. Lege einen Stein dazu, der das Netz nach unten zieht.

Lasse das Netz ins Wasser hinunter. Wenn du ein leichtes Ziehen spürst, hole die Schnur langsam nach oben.

Achte darauf, dass du die Krabben nicht verletzt und setze sie schnell wieder ins Wasser zurück!

An der Unterseite einer Krabbe erkennst du, ob es ein Weibchen oder ein Männchen ist. Der Hinterleib des Weibchens ist rund und breit. Beim Männchen ist er eher dreieckig und schmal.

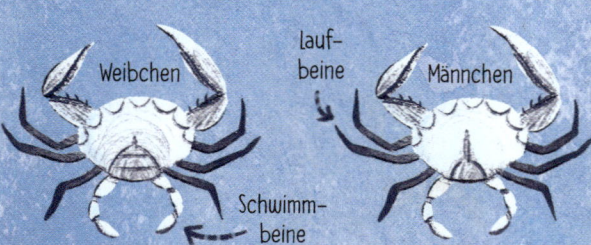

Weibchen

lauf-beine

Männchen

Schwimm-beine

KUNSTWERKE AUS SAND

Hilfsmittel

Bringe einige Hilfs-
mittel von
zu Hause mit.

Plastikbecher

Kuchenformen

Eiswürfelformen

Blumentöpfe

Löffel
zum Graben

Sandarten

Mit trockenem, feuchtem oder richtig nassem
Sand erzeugst du unterschiedliche Effekte.

Feuchter Sand
bleibt am besten
in Form.

Streue trockenen Sand
auf dunkleren nassen Sand,
um Muster zu erzeugen.

lasse richtig nassen Sand durch deine Finger
tropfen, sodass Türmchen entstehen.

Verzierungen

Gib deinen
Kunstwerken den
letzten Schliff.

Hand- und
Fußabdrücke

Muscheln

Seetang

Bohre Löcher
mit deinen Fingern
oder Zweigen und
male Muster.

SANDMOBIL

Fahrersitz

Logo aus
Muscheln

aufgemalte
Räder

GROSSANSICHT

STRANDKROKO

Male mit dem Finger den Umriss
eines Krokodils in den Sand.

Seetang-
streifen

Abdruck einer
Eiswürfelform
als Schuppen

Kieselsteine
als Augen

Muscheln
als Krallen

Male einen riesigen Fuchs,
Wolkenkratzer, Düsenflieger oder
etwas anderes auf eine große
Sandfläche. Tritt ab und zu
ein paar Schritte zurück und
begutachte dein Bild.

BAHNE DIR DEINEN WEG INS TAL

Die Rätsel auf dieser Doppelseite führen dich ins verschneite Hochgebirge ... auch wenn es Sommer ist oder du zu Hause bist. Folge den Pfeilen und überprüfe deine Antworten hinten im Buch.

START

Oh nein! Du hast eines deiner Steigeisen verloren, das du dringend brauchst, um vereiste Berge zu erklimmen. Du kannst erst loswandern, wenn du es auf dieser Doppelseite gefunden hast.

Finde heraus, ob genug Ausrüstung vorhanden ist, sodass alle neun Leute Ski fahren können. Jeder braucht zwei Skistöcke, zwei Ski und einen Helm.

Entziffere das Schild, damit du weißt, welchen Tunnel du nehmen musst.

BERGFAKTEN

Mauna Kea auf Hawaii ist der höchste Berg der Erde — wenn du ihn vom Fuß des Berges aus misst, der 6000 m unter der Meeresoberfläche liegt.

Der Mount Everest wächst jedes Jahr um ungefähr 4 mm.

Der höchste bekannte Berg in unserem Sonnensystem ist der Olympus Mons auf dem Mars.

LEGENDE
A B C D E F G H I J K L M
N O P Q R S T U V W X Y Z

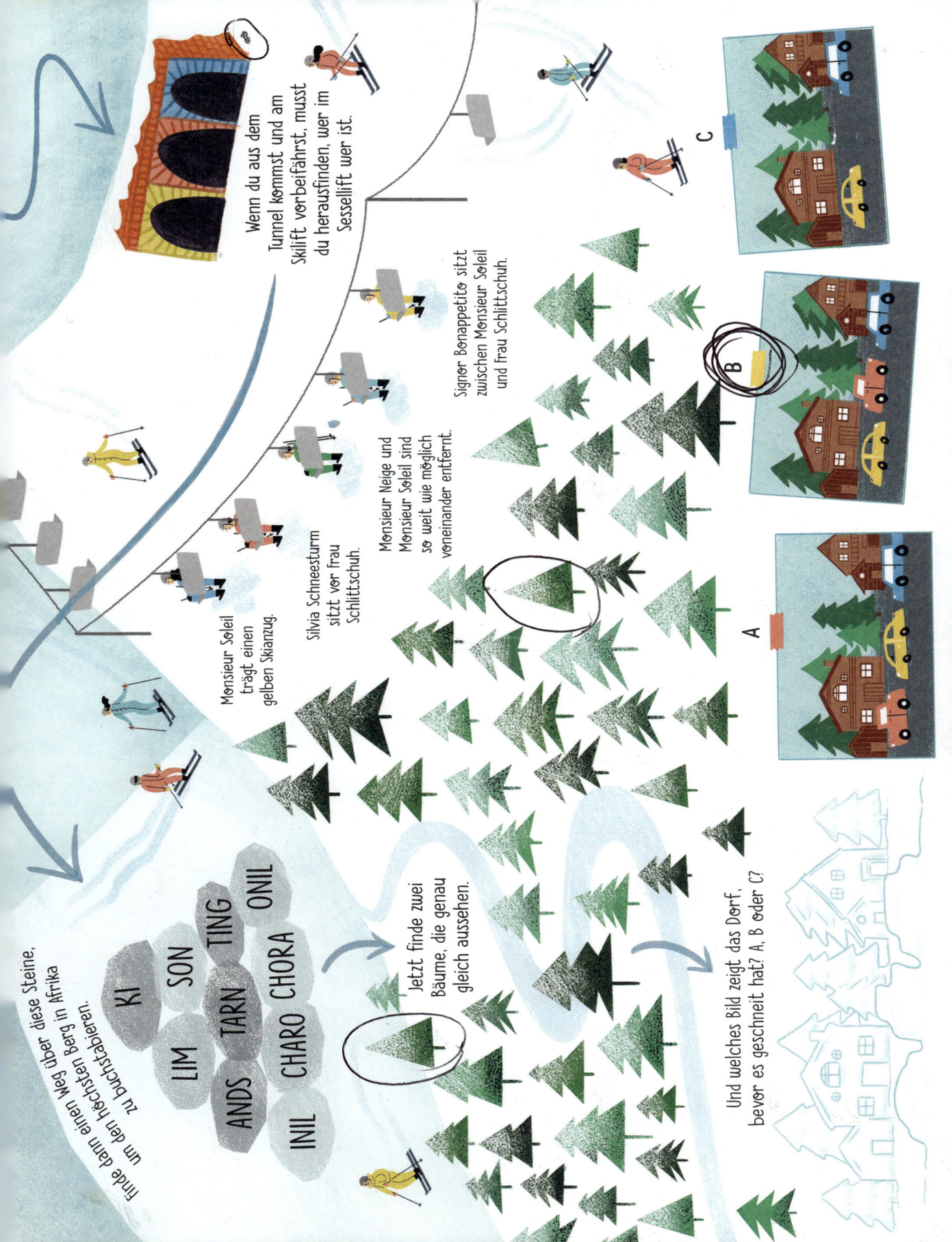

Wenn du aus dem Tunnel kommst und am Skilift vorbeifährst, musst du herausfinden, wer im Sessellift wer ist.

Signor Bonappetito sitzt zwischen Monsieur Soleil und Frau Schlittschuh.

Monsieur Neige und Monsieur Soleil sind so weit wie möglich voneinander entfernt.

Silvia Schneesturm sitzt vor Frau Schlittschuh.

Monsieur Soleil trägt einen gelben Skianzug.

Finde dann einen Weg über diese Steine, um den höchsten Berg in Afrika zu buchstabieren.

KI
SON
TING
ONIL
LIM
TARN
CHORA
ANDS
CHARO
INIL

Jetzt finde zwei Bäume, die genau gleich aussehen.

Und welches Bild zeigt das Dorf, bevor es geschneit hat? A, B oder C?

A

B

C

UNTERSUCHE DIE NATUR

Die folgenden Hinweise und Anhaltspunkte helfen dir dabei, ein großartiger Naturdetektiv zu werden.

Manche Pflanzen sehen sich verwirrend ähnlich. Hier erfährst du, wie du sie unterscheiden kannst.

LIBELLE
Flügel sind in Ruhestellung geöffnet.

KLEINLIBELLE
Flügel sind in Ruhestellung geschlossen.

FROSCH
lange Beine, glatte Haut

KRÖTE
warzige Haut

OPFER: PFLANZEN

Wenn du Bäume oder Büsche siehst, die krumm gewachsen sind, könnte es auch sein, dass starker Wind hier immer in eine Richtung bläst.

Wenn Pflanzen in zu nasser Erde stehen, färben sich ihre Blätter oft gelb.

LAMA
kräftiger Körperbau, lange Ohren

ALPAKA
weiches fell, kleine Ohren

KROKODIL
v-förmige Schnauze

ALLIGATOR
u-förmige Schnauze

TATVERDÄCHTIGE

Rehböcke reiben mit ihren Geweihen an Baumstämmen, um ihr Revier zu markieren.

Kaninchen legen ihren Bau oft in Hügeln oder Böschungen an.

Wattwürmer hinterlassen spaghettiförmige Sandhaufen, wenn sie ihre Röhren graben.

Die kleinen Schwebfliegen sind wahre Hochstapler. Wie Wespen und Hummeln haben sie schwarze und gelbe Streifen, um Feinde abzuschrecken, ABER sie können nicht stechen.

SCHWEBFLIEGE	WESPE	HUMMEL
glatter Körper und kurze Fühler	glatter, schlanker Körper und lange Fühler	behaarter Körper

Außer den Menschen haben nur Gorillas, Schimpansen und Koalas Fingerabdrücke.

Koala

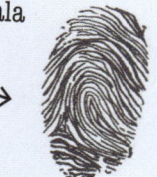

Mensch

Schimpanse

Fingerabdrücke von Koalas sehen unseren so ähnlich, dass man sie am Tatort eines Verbrechens kaum unterscheiden könnte.

ENTDECKE NOCH EINE ANDERE TARNUNG

Harmlose Dreiecksnattern sehen fast so aus wie giftige Korallenottern. Ihre Streifenmuster unterscheiden sich jedoch ein wenig.

Unter diesen Korallenottern hat sich eine Dreiecksnatter versteckt. Kannst du sie finden?

LÖSE DIESES QUIZ

Einige Lebewesen versuchen auf geniale Weise, Gefahren zu entgehen. Errate, welche Abwehrstrategien die jeweiligen Tiere NICHT anwenden.

KRAKEN

A) Sie haben keine Knochen, daher können sie ihren Körper durch kleinste Löcher zwängen.

B) Sie spritzen schwarze Tinte aus, um andere Tiere abzulenken.

C) Sie haben Augen an ihren Armen, um in alle Richtungen schauen zu können.

SCHLEIMAALE

A) Sie produzieren innerhalb von Sekunden eimerweise glitschigen Schleim.

B) Sie knoten sich zusammen, um Fressfeinde zu verwirren.

C) Sie graben sich schlängelnd in den Meeresboden ein, um sich zu verstecken.

GEHÖRNTE KRÖTENECHSEN

A) Sie machen mit ihren Hörnern laute Geräusche, um Feinde abzuwehren.

B) Sie blasen sich auf, sodass sie größer und schuppiger aussehen.

C) Sie spritzen übel riechendes Blut aus ihren Augen.

VERWENDE TIERISCHE REDENSARTEN

Viele Sprachen enthalten Redensarten, die etwas mit Tieren zu tun haben. Lasse demnächst einmal eine der folgenden ins Gespräch einfließen …

„Nicht mein Zirkus, nicht meine Affen."

So sagt man „nicht mein Problem" auf Polnisch.

Nie mój cyrk, nie moje małpy

Wenn du auf Finnisch „einen Frosch aus dem Mund lässt", hast du das Falsche gesagt.

Päästää sammakko suustaan

Mein Rucksack ist so schwer!

Das bedeutet, jemandem Unwahres so zu erzählen, dass er es glaubt.

Hihi!

Jemandem einen Bären aufbinden.

„Es regnet Katzen und Hunde!"

Die englische Redensart „It's raining cats and dogs!" bedeutet, dass es stark regnet.

Wer gern liest, wird auf Spanisch eine „Bibliotheksmaus" genannt.

Un ratón de biblioteca

Auf Chinesisch sagt man „für eine Kuh Musik machen", wenn man zu jemandem spricht, der einen absolut nicht versteht.

Du machst für eine Kuh Musik.

对牛弹琴
duì niú tán qín

„Die schöne Feige steckt oft voller Würmer."

Dieses Zulu-Sprichwort erinnert daran, dass das Aussehen täuschen kann.

Ikhiwane elihle ligcwala izibungu

Wenn du zu jemandem sehr freundlich bist, der es nicht verdient, dann heißt das auf Portugiesisch „einen Esel mit Biskuitkuchen füttern".

Alimentar um burro a pão-de-ló

Auf Japanisch wird eine winzige Fläche als klein wie „die Stirn einer Katze" beschrieben.

„In das Maul des Wolfes!"

Mit diesen Worten wünscht man jemandem auf Italienisch Glück.

In bocca al lupo

Jep, die ist schnurrrrig klein.

猫の額
Neko no hitai

HÖRE DEN TIEREN ZU

Tiere machen alle möglichen Geräusche. Suche dir draußen ein ruhiges Plätzchen, schließe die Augen und lausche. Wie viele verschiedene Tierlaute kannst du hören?

Dein Gehirn konzentriert sich besser auf etwas, wenn es nicht durch die Wahrnehmung deiner Augen abgelenkt wird.

Sitze ganz still und atme ruhig. Raschelnde Kleidung und heftiges Atmen können leise Geräusche übertönen.

Höre ganz genau hin ...

BSSSSSS...

Viele Insekten erzeugen Geräusche, wenn sie ganz schnell mit den Flügeln schlagen.

Grillen, Zikaden, Heuschrecken und andere Insekten machen Musik, indem sie ihre Beine und ihre Vorderflügel aneinanderreiben.

Zirp!
Zirp! Zirp!

Notiere alle Geräusche, die du hörst. Weißt du, welche Tiere diese Laute verursachen?

Sperling

Vogelrufe sind meist kurze Schallstöße.

TSCHILP!

Vögel singen, um Partner anzulocken oder um anderen Vögeln zu sagen, dass sie nicht zu nahe kommen sollen.

TOCK, TOCK, TOCK, TOCK, TOCK!

Ein hämmerndes Geräusch könnte ein Specht sein, der mit seinem Schnabel eine Nisthöhle in einen Baumstamm schlägt.

HALLO!

?!

Die Menschen haben Elefanten, Orang-Utans, Papageien und Weißwalen laute beigebracht, die sich wie menschliche Worte anhören.

Wissenschaftler sind aber nicht sicher, ob die Tiere verstehen, was sie sagen. Was meinst du?

Frösche piepsen, tschirpen, gackern, bellen und grunzen, aber nur die Männchen quaken.

QUAK!

MACHE JAGD AUF DAS ALPHABET

Suche draußen oder unterwegs jeden einzelnen
Buchstaben im Alphabet. Du findest Buchstaben
auf Schildern oder als Form von Objekten.

Welche unterschiedlichen
Schriftarten findest du?

Suche Groß-
und Kleinbuchstaben.

Schilder an Gebäuden
und Geschäften haben
oft große, auffällige
Buchstaben.

Siehst du den Buchstaben
„H" in den Fenstern?

JETZT IM KINO
ROARRRR

FILMZEIT

EX LIBRIS Bücher

MODEPALAST

BUSHALTESTELLE

38
56

WAUWAU!
TEIL 2

LESUNG!

TSCHÜSS
LANGE-
WEILE
JETZT ERHÄLTLICH!

PARK-
VERBOT

7

Ein Straßenschild wie das hier oben
sieht vielleicht wie ein „I" aus.

Wenn du ein Smartphone oder eine
Kamera hast, kannst du von jedem
Buchstaben eine Nahaufnahme machen
und später etwas daraus basteln.

Mache aus der Buchstabensuche ein Spiel mit
Freunden. Jeder Spieler muss die Buchstaben
in alphabetischer Reihenfolge finden. Wer zuerst
bei „Z" ankommt, gewinnt.

WENN DU WIEDER DRINNEN BIST ...

GEH
WEG!

7

Drucke deine Fotos aus,
klebe jedes auf ein Stück
Pappe und hänge dein
Alphabet an die Wand.

Drucke einzelne Buchstaben so oft aus,
wie du sie für ein Türschild oder eine
Nachricht an deine Freunde brauchst.

Du kannst auch Zahlen fotografieren,
sie ausdrucken und damit
Geburtstagskarten basteln.

Falte ein Stück Karton in der Mitte und
klebe Zahlen und Buchstaben darauf.

FINDE NATUR-WÖRTER

Auf diesem grünen Blatt mit Buchstaben sind mindestens 15 Wörter versteckt, die etwas mit draußen, Tieren oder Natur zu tun haben. Verbinde Buchstaben, die in beliebigen Richtungen nebeneinanderliegen. Du kannst alle Buchstaben mehrmals verwenden.

Schreibe eine Liste mit allen Wörtern, die du findest, bevor du auf den Antwortseiten nachschaust.

Wenn du dir bestimmte Blätter ganz genau anschaust, erkennst du vielleicht feine Linien, die ein ähnliches Muster wie auf diesem Blatt hier bilden. Es sind Blattadern, die Nährstoffe und Wasser transportieren und das Blatt wie ein Skelett stützen.

SUCHE ANDERE MUSTER IN DER NATUR

SCHNECKENGEHÄUSE

GETROCKNETER SCHLAMM

WASSERWELLEN

Wie viele Wörter findest du?

Zeichne verschiedene Muster mit Bleistift oder anderen Stiften nach.

ZEICHNE FLORA UND FAUNA*

Folge den Schritten unten und zeichne verschiedene Pflanzen und Tiere.
Male deine Bilder später mit Filzstiften oder Buntstiften aus.

KAKTUS

1 Zeichne einen dicken Stamm ...

2 ... und drei gebogene Arme.

3 Füge viele Stacheln hinzu.

Der Kaktusart *Carnegiea gigantea* wachsen erst nach 70 Jahren die ersten Arme.

WOLF

1 Zeichne einen Körper ...

... einen Schwanz ...

2 ... ein Viereck als Kopf ...

3 ... und vier Beine.

4 Füge diese Formen für Ohr, Schnauze und Mähne hinzu.

5 Dein Wolf braucht auch ein Auge, eine Nase und scharfe Zähne.

Zeichne ein Fell aus Strichen und Zickzacklinien.

Wölfe vergraben ihr Fressen im Boden und graben es wieder aus, wenn sie hungrig sind.

ZEICHNE FUNGI**
FLIEGENPILZ

Berühre keine echten Fliegenpilze, die du draußen findest. Sie sind sehr giftig!

1 Zeichne einen Hut ...

... Lamellen ...

2 ... einen Stiel ...

3 ... und Punkte.

*Der lateinische Fachbegriff für Pflanzen ist Flora. Mit Fauna werden die Tiere bezeichnet.

**Pilze sind keine Pflanzen, sondern sogenannte fungi.

118

FARN

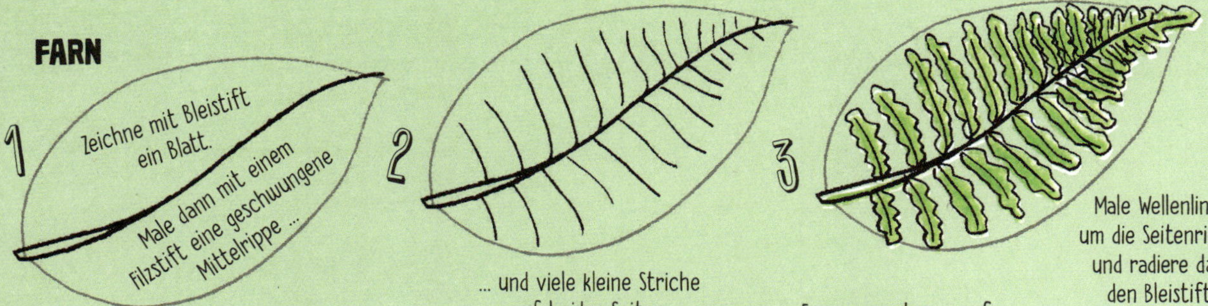

1 Zeichne mit Bleistift ein Blatt. Male dann mit einem Filzstift eine geschwungene Mittelrippe ...

2 ... und viele kleine Striche auf beiden Seiten.

3 Male Wellenlinien um die Seitenrippen und radiere dann den Bleistiftumriss weg.

Farne wachsen auf allen Kontinenten, außer in Antarktika.

GRASHÜPFER

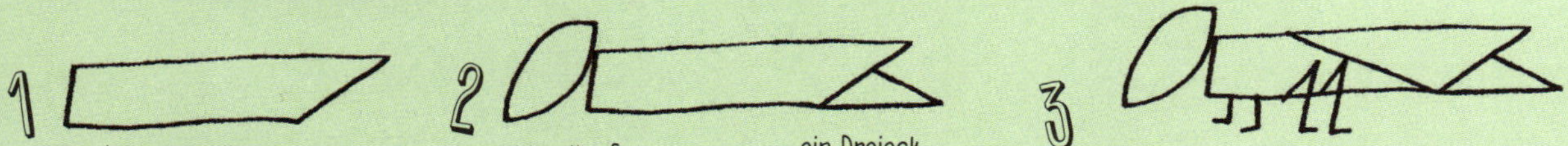

1 Zeichne einen Körper ...

2 ... einen Kopf ... .. ein Dreieck ...

3 ... vier Beine und eine schräge Linie.

4 Füge zwei Fühler hinzu, zwei Hinterbeine ...

5 ... einen Mund, ein Auge und ein paar Streifen.

Grashüpfer haben zwei starke Hinterbeine, um damit hoch in die Luft zu springen.

KOI

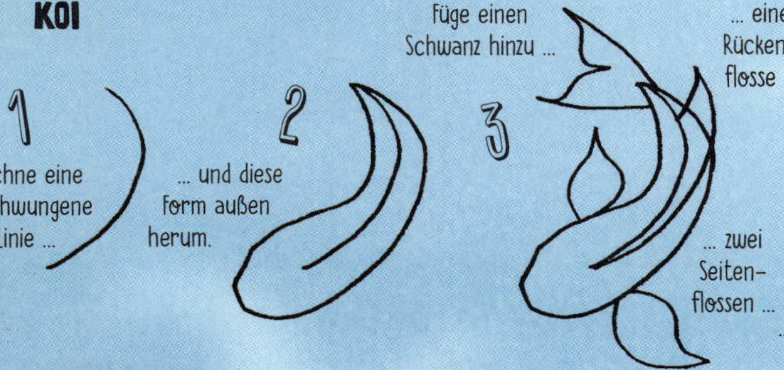

1 Zeichne eine geschwungene Linie ...

2 ... und diese Form außen herum.

3 Füge einen Schwanz hinzu ... ... eine Rückenflosse ... ... zwei Seitenflossen ... ... und ein Gesicht.

4 Die Schuppen sind lauter kleine Bögen.

Die Koi gehören zu den Karpfen und können mit ihren Bartfäden schmecken.

SEEROSE

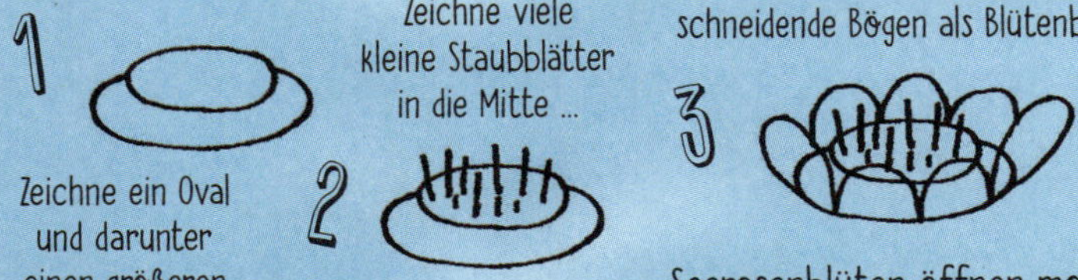

1 Zeichne ein Oval und darunter einen größeren Bogen.

2 Zeichne viele kleine Staubblätter in die Mitte ...

3 ... und um den Rand sich überschneidende Bögen als Blütenblätter.

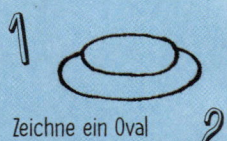

Seerosenblüten öffnen morgens ihre Blütenblätter und schließen sie abends wieder.

119

ERKLÄRE DAS UNERKLÄRLICHE

Wenn du draußen etwas Rätselhaftes entdeckst,
überlege dir eine Erklärung dafür. Finde zunächst
Antworten auf die Fragen hier und halte dann
die Augen nach weiteren Rätseln offen.

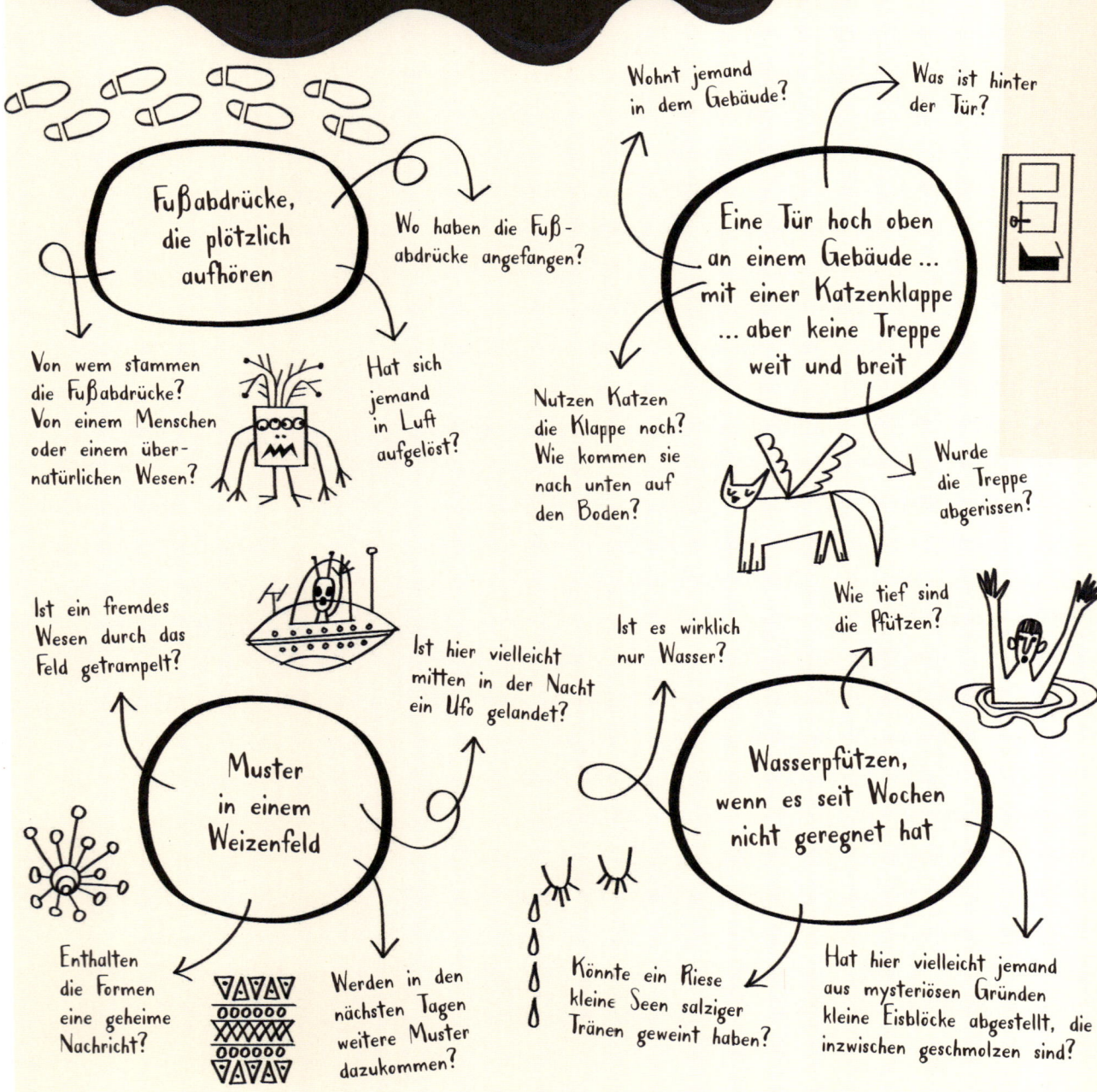

Wohnt jemand
in dem Gebäude?

Was ist hinter
der Tür?

**Fußabdrücke,
die plötzlich
aufhören**

Wo haben die Fuß-
abdrücke angefangen?

**Eine Tür hoch oben
an einem Gebäude...
mit einer Katzenklappe
...aber keine Treppe
weit und breit**

Von wem stammen
die Fußabdrücke?
Von einem Menschen
oder einem über-
natürlichen Wesen?

Hat sich
jemand
in Luft
aufgelöst?

Nutzen Katzen
die Klappe noch?
Wie kommen sie
nach unten auf
den Boden?

Wurde
die Treppe
abgerissen?

Ist ein fremdes
Wesen durch das
Feld getrampelt?

Ist hier vielleicht
mitten in der Nacht
ein Ufo gelandet?

Ist es wirklich
nur Wasser?

Wie tief sind
die Pfützen?

**Muster
in einem
Weizenfeld**

**Wasserpfützen,
wenn es seit Wochen
nicht geregnet hat**

Enthalten
die Formen
eine geheime
Nachricht?

Werden in den
nächsten Tagen
weitere Muster
dazukommen?

Könnte ein Riese
kleine Seen salziger
Tränen geweint haben?

Hat hier vielleicht jemand
aus mysteriösen Gründen
kleine Eisblöcke abgestellt, die
inzwischen geschmolzen sind?

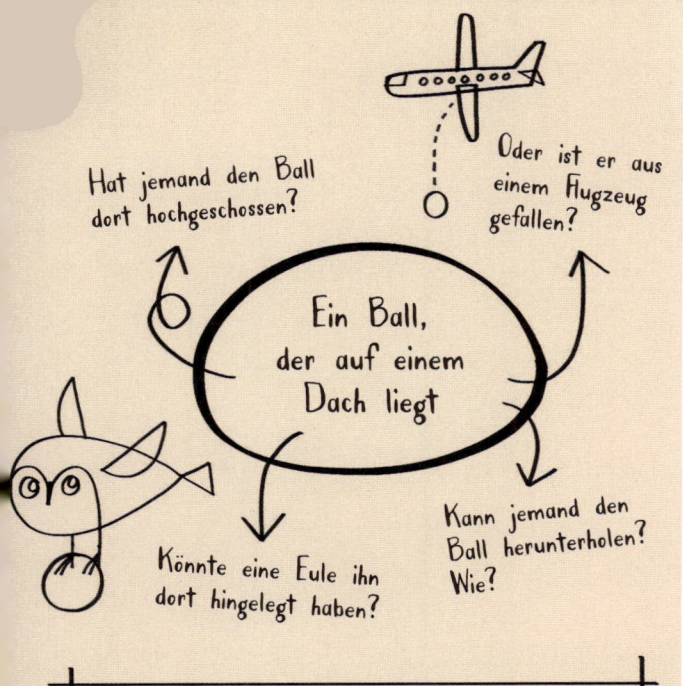

Hat jemand den Ball dort hochgeschossen?

Oder ist er aus einem Flugzeug gefallen?

Ein Ball, der auf einem Dach liegt

Könnte eine Eule ihn dort hingelegt haben?

Kann jemand den Ball herunterholen? Wie?

UND NUN ...

Schreibe kleine Geschichten zu diesen Ideen oder zu anderen rätselhaften Dingen, die dir auffallen. Die folgenden Wörter könnten für deine Geheimnisgeschichten hilfreich sein.

das Mysterium

die Vermutung

das Rätsel

DIE FOLGERUNG

der Schock

DAS MOTIV

DER HINWEIS

SONDERBAR

PLÖTZLICH

unergründlich

VERWIRREND

VERSTECKT

DIE SPANNUNG

UNTERSUCHEN

geheimnisvoll

verschleiern

der Beweis

DER FREMDLING

NEUGIERIG

DIE WARNUNG

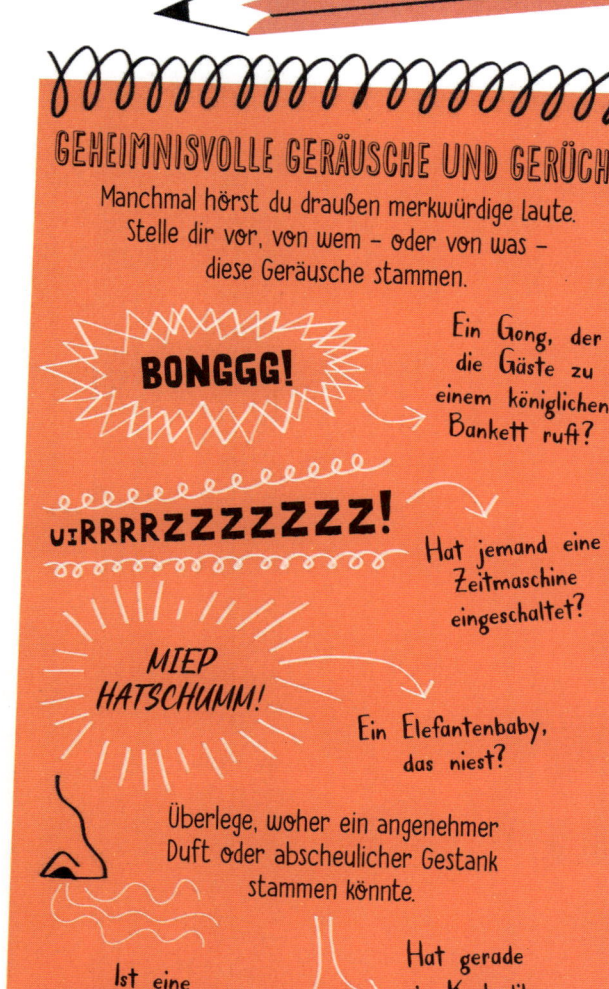

GEHEIMNISVOLLE GERÄUSCHE UND GERÜCHE

Manchmal hörst du draußen merkwürdige Laute. Stelle dir vor, von wem – oder von was – diese Geräusche stammen.

BONGGG!

Ein Gong, der die Gäste zu einem königlichen Bankett ruft?

UIRRRRZZZZZZZ!

Hat jemand eine Zeitmaschine eingeschaltet?

MIEP HATSCHUMM!

Ein Elefantenbaby, das niest?

Überlege, woher ein angenehmer Duft oder abscheulicher Gestank stammen könnte.

Ist eine Schokoladenfabrik in der Nähe?

Hat gerade ein Krokodil gepupst?

Spinne diese Geschichte weiter und überlege, was als Nächstes passiert ...

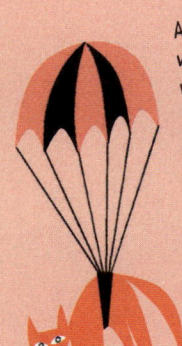

GEHEIMAGENTIN MINKA

Auf den ersten Blick erscheint die Kochstraße 31 wie eine völlig normale Adresse, aber jede Katze würde dir etwas ganz anderes erzählen. Denn hier schmieden die besten und mutigsten Agenten der Katzenwelt ausgeklügelte Pläne – im Hauptquartier des Miau-Geheimdienstes.

Minka sprang schwungvoll durch die Katzenklappe in der roten Tür des Hauptquartiers und schaukelte dann sanft hinunter auf die Straße. Sie löste ihren Fallschirm und machte einen Buckel. Jeden Moment würde sie ihrem Erzfeind entgegentreten, dem legendären Doktor Wuff ...

SCHÜTZE DIE UMWELT

Die Natur bietet alles, was du zum Überleben brauchst: Nahrung, Wasser, frische Luft und Rohstoffe, aus denen man alles herstellen kann – von der Kleidung, die du trägst, bis zu dem Buch, das du gerade in den Händen hältst. Aber die Natur ist in Gefahr. Hier sind einige Tipps, wie du sie schützen kannst.

SPARE ENERGIE

Der Großteil der Energie, die du brauchst, um mit dem Auto zu fahren, dein Zuhause zu heizen und elektrische Geräte zu betreiben, stammt von Energiequellen wie Kohle und Erdöl. Sie verschmutzen die Umwelt und sind nur begrenzt verfügbar.

Schalte deinen Fernseher, dein Handy und dein Tablet aus!

Du brauchst keine Elektronik, um dich gut zu unterhalten. Mache stattdessen die Dinge, die in diesem Buch beschrieben sind.

Könntest du vielleicht zu Fuß gehen, mit dem Fahrrad fahren oder Bus und Bahn nehmen, statt mit dem Auto zu fahren?

Ziehe einen oder auch zwei Pullover an, wenn es kalt ist, und stelle dafür die Heizung etwas niedriger.

PRODUZIERE WENIGER MÜLL

Viel Energie wird für Dinge verschwendet, die unnötig weggeschmissen werden.

Beinah ein Drittel aller Nahrungsmittel landet im Müll. Iss deinen Teller leer und kaufe nicht mehr, als du brauchst.

Drehe den Wasserhahn zu, während du dir die Zähne putzt.

Kaufe keine Produkte, die zu viel Verpackung verwenden, und produziere so weniger Müll.

HALTE DIE UMWELT SAUBER!

Wirf keine Verpackungen, Kassenzettel oder Plastik-Flaschen auf den Boden.

Das Problem mit Plastik

Plastikmüll ist ein enormes Problem, da Kunststoff viele Hundert Jahre braucht, um abgebaut zu werden. Unmengen von Plastik landen im Meer, wo es viele Lebewesen tötet.

VERWENDE DINGE WIEDER

Verwende Kartons mehrere Male oder nutze sie zum Basteln.

Schneide Türme und Zinnen aus und male Fenster und Tore darauf, dann wird aus deinem Karton eine Burg.

Verschenke alte Spielsachen und Kleidungsstücke, damit andere Leute sie nutzen können.

Nimm deine eigenen Taschen und Tüten mit zum Einkaufen.

Verwende eine alte Büchse als Blumentopf oder Stifthalter.

Wenn du eine Plastikflasche gekauft hast ...

... verwende sie wieder ...

... und wieder ...

... und wieder ...

... und wieder.

RECYCLING

Wenn du etwas nicht wiederverwenden kannst, dann recycele es, damit die Wertstoffe neu verwertet werden können. Glas, Papier, Dosen und viele Kunststoffe sind recycelbar.

Sammele Obst- und Gemüseabfälle draußen in einem Eimer. Sie verrotten langsam zu wertvollem Kompost für Pflanzen.

ERZÄHLE ES DEINEN FREUNDEN

Teile deine Begeisterung für die schöne Natur mit deinen Freunden und sage ihnen, wie auch sie die Umwelt schützen können.

Du könntest ein Poster oder ein Plakat mit einem eingängigen Spruch malen.

SAGT NEIN ZU PLASTIK

SCHÜTZT DIE NATUR FÜR UNS EISBÄREN!

123

FALLS DIR IMMER NOCH LANGWEILIG IST ...

PFEIFE AUF EINEM GRASHALM

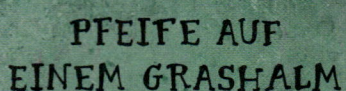

lege einen festen Grashalm zwischen deine beiden Daumen.

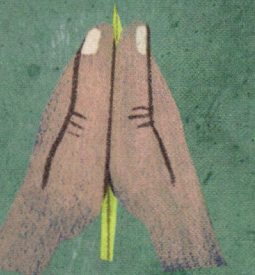

FFIIIIEEEP!

lege dann die Daumenrücken an deine Lippen und blase zwischen den Daumen hindurch.

MACHE AUS DEINEN SCHUHEN STEPPTANZSCHUHE

1 Befestige Metalldeckel von alten Marmeladengläsern mit einem Gummiband unter deinen Schuhen.

2 Jetzt kannst du damit tanzen.

Deine Stepptanzschuhe hören sich am besten auf einem harten Boden an.

PUSTE AUF EINE PUSTEBLUME

Kannst du alle Schirmchen auf einmal wegpusten?

LASSE STEINE ÜBER DAS WASSER HÜPFEN

1 Stelle dich ans Ufer eines Flusses oder großen Sees. Nimm einen flachen Stein zwischen Daumen und Zeigefinger wie abgebildet.

2 Wirf den Stein mit Schwung aus dem Handgelenk schräg auf die Wasseroberfläche.

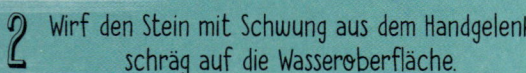

Wissenschaftler haben herausgefunden, dass ein Stein am besten vom Wasser abspringt, wenn er in einem Winkel von 20° auftrifft.

20°

SUCHE NACH EINEM VIERBLÄTTRIGEN KLEEBLATT

Klee ist eine kleine Pflanze, die im Gras wächst. Meist hat er nur drei Blätter.

BEOBACHTE EINE SPINNE BEIM WEBEN

In welcher Reihenfolge spinnt sie die Fäden?

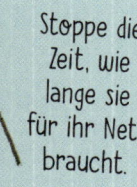

Stoppe die Zeit, wie lange sie für ihr Netz braucht.

Ich wohne im größten Ozean der Erde.

Die Antarktis ist die größte Wüste, auch wenn sie eiskalt ist, denn es regnet dort kaum.

LERNE DIE TOP 10 DER ERDE AUSWENDIG

GRÖSSTE MEERE UND OZEANE	LÄNGSTE FLÜSSE	HÖCHSTE BERGE	GRÖSSTE WÜSTEN
1. Pazifik	1. Nil	1. Mount Everest	1. Antarktis
2. Atlantik	2. Amazonas	2. K2	2. Arktis
3. Indischer Ozean	3. Jangtsekiang	3. Kangchendzönga	3. Sahara
4. Südlicher Ozean	4. Mississippi	4. Lhotse	4. Arabische Wüste
5. Arktischer Ozean	5. Jenissei	5. Makalu	5. Gobi
6. Arabisches Meer	6. Gelber Fluss	6. Cho Oyu	6. Kalahari
7. Südchinesisches Meer	7. Ob	7. Dhaulagiri I	7. Große Victoria-Wüste
8. Karibisches Meer	8. Paraná	8. Manaslu	8. Patagonische Steppe
9. Mittelmeer	9. Kongo	9. Nanga Parbat	9. Syrische Wüste
10. Beringmeer	10. Amur	10. Annapurna I	10. Großes Becken

Der Amazonas ist außerdem der breiteste Fluss.

WERDE NICHT NASS!

1 Fülle einen kleinen Eimer zur Hälfte mit Wasser.

2 Halte den Eimer mit ausgestrecktem Arm. Schwinge den Arm von einer Seite zur anderen und dann in einem schnellen Schwung über den Kopf.

3 Wenn du den Eimer schnell genug im Kreis schwingst, schwappt das Wasser nicht heraus.

MACHE FOTOS KURZ VOR SONNENUNTERGANG

Diese Tageszeit wird auch als „goldene Stunde" bezeichnet. Das Licht ist jetzt rötlicher und wärmer, wodurch Fotos einen ganz besonderen Glanz bekommen.

ÜBERPRÜFE DEINE ANTWORTEN

12–13 LIES LANDKARTEN

WANDERKARTE: Die Route führt in dieser Reihenfolge an den Punkten vorbei: Tal, Mischwald, Gipfel, Schlange, Vulkan und Tannenwald.

BUCHSTABENKARTE: Das gesuchte Wort ist KARTOGRAFIE. Kartografie ist die Wissenschaft von der Erstellung von Landkarten.

KOORDINATEN: 737348, 753358, 733323, 750330, 767317, 779348, 798359, 796326, 788336, 827368

22–23 SUCHE BAUMBLÜTEN

25 BESTIMME WIRBELLOSE

A = Krabbe S. 36 (Krebstier); B = Ameise S. 35 (Insekt);
C = Napfschnecke S. 108 (Schnecke); D = Grille S. 115 (Insekt);
E = Tausendfüßer S. 91 (Myriapode); F = Libelle S. 105 (Insekt);
G = Krake S. 65 (Kopffüßer); H = Wattwurm S. 112 (Ringelwurm)

28–29 SPIELE MIT STÖCKEN

STOCKRÄTSEL:

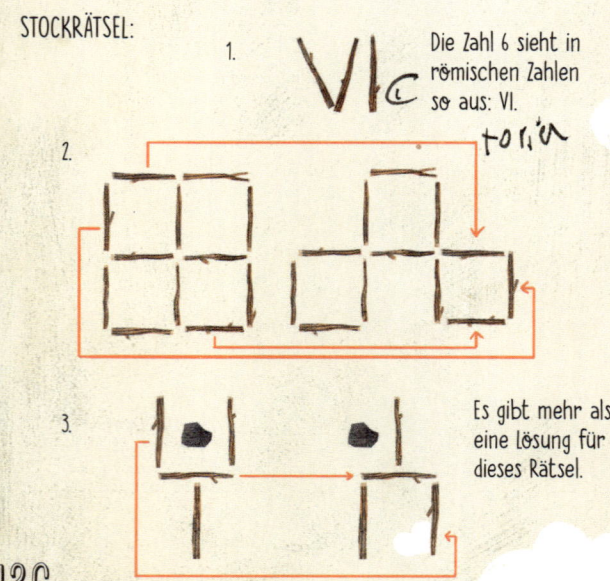

1. Die Zahl 6 sieht in römischen Zahlen so aus: VI.

3. Es gibt mehr als eine Lösung für dieses Rätsel.

44–45 VERIRRE DICH

Der kürzeste Weg ist hier eingezeichnet:

BUCHSTABEN–IRRGATEN:
Die geheime Botschaft lautet: HIER GEHT ES ENTLANG.

64–65 TESTE DEIN NATURWISSEN

1. b; 2. c; 3. richtig (Es gibt keine wissenschaftliche Unterscheidung.); 4. mehr Kängurus; 5. b (Diese hohe Welle entsteht bei einem unterseeischen Erdbeben.); 6. b; 7. a; 8. richtig (Der Amazonas ist über 6400 km lang, aber man kann ihn nur per Boot überqueren.); 9. b; 10. falsch (Die Sonne geht im Osten auf und im Westen unter.); 11. b; 12. b; 13. c; 14. c; 15. ein Blitz (Er kann bis zu 30 000° C erreichen. Das ist fünfmal heißer als die Sonnenoberfläche.); 16. a (Flamingos fressen Garnelen und Algen, die sie pink färben.); 17. c; 18. b; 19. b; 20. a; 21. richtig (Fische, die im Süßwasser leben, nehmen Wasser über die Haut auf.); 22. b; 23. c; 24. ein Paddel mit einem Blatt (Ein Kajak wird mit einem Paddel mit zwei Blättern gerudert.); 25. a; 26. c; 27. b; 28. a; 29. c; 30. richtig (Die jungen Blätter sind essbar, wenn man sie wäscht und kocht.)

70–71 ZEICHNE KÄFER

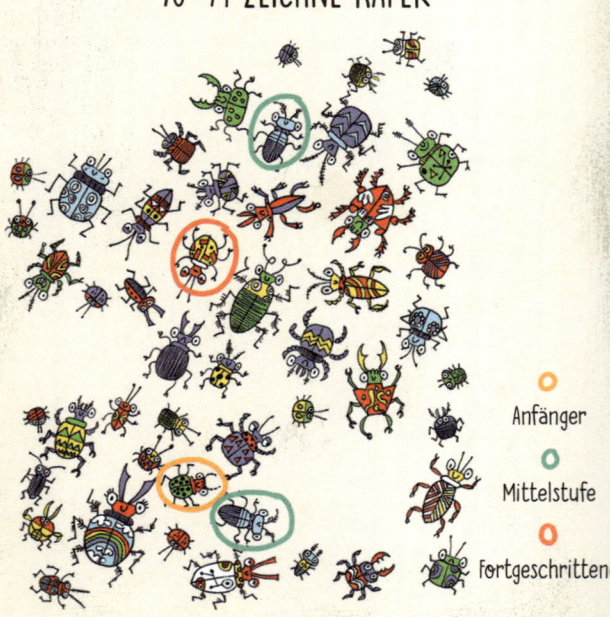

Anfänger

Mittelstufe

Fortgeschrittene

76–77 ENTSCHLÜSSELE LATEINISCHE NAMEN

A = 4. *Haliaeetus leucocephalus* (Weißkopfseeadler); B = 9. *Zizania aquatica* (Wasserreis); C = 2. *Erignathus barbatus* (Bartrobbe); D = 6. *Malva parviflora* (Kleinblättrige Malve); E = 5. *Mephitis mephitis* (Streifenskunk); F = 3. *Echinacea purpurea* (Purpur-Sonnenhut); G = 8. *Eudocimus albus* (Schneesichler); H = 11. *Passiflora caerulea* (Blaue Passionsblume); I = 1. *Hieracium villosum* (Zottiges Habichtskraut); J = 12. *Heterocephalus glaber* (Nacktmull); K = 7. *Cygnus atratus* (Schwarzschwan); L = 10. *Yucca brevifolia* (Josuabaum)

88–89 SIEH DIR EIN HAUS GANZ GENAU AN

MAUERABSCHNITT: 2 (LÄUFERVERBAND)

94–95 ZÜCHTE PFLANZEN

SCHNECKENLABYRINTH: Schnecke B erreicht den Salat.
BLATTLAUSSUCHE: Auf der Tomatenpflanze sitzen 31 Blattläuse.

96–97 SPIELE KLOPF–KLOPF

PHÄNOMENALE PORTALE: 1. C; 2. G; 3. B; 4. H; 5. D; 6. A; 7. E; 8. F

102–103 TRAINIERE DEINE NACHTSICHT

FORMEN ZUORDNEN: Es sind 8 Eulen, 7 Fledermäuse und 4 Füchse versteckt.

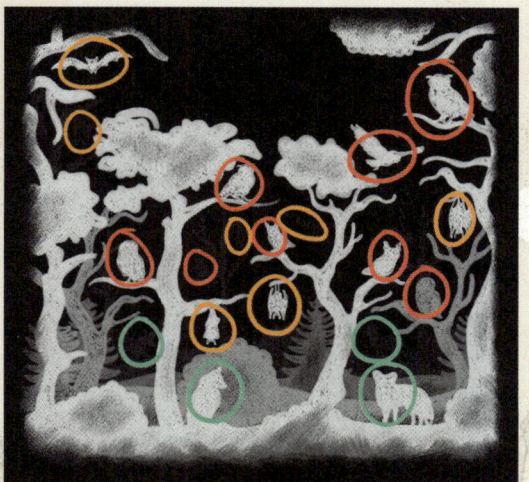

110–111 BAHNE DIR DEINEN WEG INS TAL

- Das Steigeisen liegt rechts neben den Tunneln, die am weitesten unten am Berg liegen.

- Es gibt nicht genug Ski für alle neun Leute.

- Auf dem Schild steht: DER ROTE TUNNEL IST GESPERRT. DER GELBE TUNNEL IST ZUGESCHNEIT. NUR DER BLAUE TUNNEL IST SICHER.

- Die Skifahrer auf dem Lift sind von links nach rechts: Monsieur Neige, Silvia Schneesturm, Frau Schlittschuh, Signor Bonappetito und Monsieur Soleil.

- Der höchste Berg in Afrika ist der Kilimandscharo.

- Die gleich aussehenden Bäume sind unten rot markiert:

- Bild B zeigt das Dorf, bevor es geschneit hat.

112–113 UNTERSUCHE DIE NATUR

Das ist die Dreiecksnatter. Sie hat schwarze Streifen neben den roten Streifen. Korallenottern haben gelbe Streifen neben den roten.

Kraken wenden nicht die Strategie C an.
Schleimaale wenden nicht die Strategie B an (aber sie verknoten sich, wenn sie fressen).
Gehörnte Krötenechsen wenden nicht die Strategie A an.

117 FINDE NATUR–WÖRTER

Hier sind einige der Wörter, die auf dem Blatt versteckt sind:
SKI, WIND, GRUEN, WAL, TAL, BAST, STEG, GOLD, STAR, BEET, DORF, TON, MAUL, REBE, MAUS …

DOCH NOCH LANGEWEILE?

Schreibe deine besten Ideen gegen die Langeweile auf und gestalte dein eigenes TSCHÜSS-LANGEWEILE-BUCH. Frage auch deine Freunde und sammelt all eure Ideen in einem Notizbuch. Gestaltet es mit Illustrationen, Fotos und Dingen, die ihr einkleben könnt.

Zusätzliche Gestaltung: Kyle Reed

Bearbeitung: Jane Chisholm

Zusätzliches Textmaterial: Jordan Akpojaro und Megan Cullis

Projektbetreuung: Cornelia Steuer, Ulrike Bonk und Danica Utermöhlen

Übersetzung aus dem Englischen: Jutta Vogt

Redaktion der deutschen Ausgabe: Ulrike Schuldes

Satz der deutschen Ausgabe: Tanja Haaf

Fotos auf Seite 15 © Majaan/Dreamstime.com, © Alan Harcen/Dreamstime.com, © Yatigra/Dreamstime.com; Seite 92 © Galyna Andrushko/Dreamstime.com, © Ondřej Prosický/Dreamstime.com; Seite 93 © Iwanami_Photos/thinkstock, © Sohadiszno/Dreamstime.com, © Noppakun/Dreamstime.com; Seite 117 © Mikhaberez/Dreamstime.com, © Chanwit Whanset/Dreamstime.com, © Andrei Afanasiev/Dreamstime.com